W0223107

Divorcée, 40 ans,
2 enfants…

… enfin heureuse !

Ouvrage publié sous la direction
de Françoise Samson

Valérie Lezac

Divorcée, 40 ans, 2 enfants…

… enfin heureuse !

document

éditions du
ROCHER

ISBN 978 2 268 06558 8

Avertissement

« Toute ressemblance avec des personnages ou des faits ayant réellement existé ne peut-être que le fruit du hasard. »

Accompagnant un témoignage, cette formule de circonstance pourrait sembler paradoxale. Elle est pourtant légitime. Par vigilance, pour vous garantir ma transparence, pour me prévenir d'éventuelles nuisances, ce livre ne prétend ni juger, ni désigner à la vindicte, ni affirmer d'autres vérités que la mienne.

« Puisque tu t'y affirmes "enfin heureuse", renonce à le publier. Tu risques de t'attirer reproches ou représailles qui transformeront ton purgatoire en retour vers l'enfer »...

Ce conseil d'amis m'a taraudée longtemps. Je ne l'ai finalement pas suivi car, après avoir renoncé à mes illusions d'épouse, je ne pouvais divorcer aussi de mes rêves de journaliste.

Statistiquement banale, logiquement vouée à la défaite, mon histoire a connu une issue revigorante. Si cela peut servir de message pour mes enfants un jour, de gage de confiance en l'avenir ou d'incitation à espérer pour celles qui endurent la même situation que moi, j'aurai eu raison d'affronter ma peur.

Aux deux seuls vrais grands
amours de ma vie : mes enfants.

Remerciements

Merci à Alain Houstraëte d'avoir à mes côtés revisité ma vie et ma prose.

Merci à tous ceux que j'aime d'avoir fait en sorte que mes souffrances riment désormais avec renaissance.

Prologue
Il balbutie : « Il y a quelqu'un »

« Tu m'aimes ?... Philippe, tu m'aimes ?... » Pas de réponse. Un silence s'abat sur mon téléphone portable. Une sorte d'épais brouillard m'envahit instantanément. Pour la première fois en cinq ans de mariage et vingt ans passés ensemble, il ne me répond pas.

« Oui, je t'aime... et toi, tu m'aimes ? »... J'attends en vain cette phrase, notre phrase, notre rituel, certes puéril, mais si rassurant. C'est un petit jeu d'amoureux inventé pour se protéger de la routine. Celui qui omet de s'y soumettre, ne serait-ce qu'une fois, qui fait attendre l'autre, ne serait-ce qu'une seconde, doit être puni.

Et aujourd'hui, on atteint la minute.

« Philippe, tu m'entends ? »

Cela a l'air bête de se susurrer chaque jour des mots d'amour. Mais pour nous, bardés à la fois de certitudes et d'inquiétudes, c'est notre truc « infaillible » pour ne pas tomber dans la banalité ou l'oubli.

Pourtant, là, ce 20 mai, il ne répond toujours pas. Les cartes semblent pipées. Je ressens d'étranges frissons. Je ne sais pas pourquoi, mais j'ai peur que les jeux ne soient déjà faits. Je me dis que rien ne va plus. Je lance tout de même la bille une dernière fois.

« Philippe, tu m'aimes ? »

Je l'entends alors balbutier quelques syllabes : « Non. Je ne t'… Il y a quelqu'un. »

Une guillotine tombe sur ma nuque. Un trou énorme se creuse dans mon estomac.

« Où es-tu ?

– Je suis à la maison », répond-il.

Mes oreilles bourdonnent. Je m'entends à peine lui dire : « J'arrive. »

J'enfourne dans mon sac mon portable, mon agenda, mes lunettes. L'air hagard, je quitte le bureau en trombe. Mes jambes se dérobent sous moi. Pendant que je me dirige vers ma place de parking, mille pensées confuses se bousculent. Je dirige la clé vers la portière. Elle tombe. Je recommence. Je parviens enfin à ouvrir, malgré mes mains qui tremblent comme une feuille.

J'ai l'impression d'avoir cinq cents kilos de fonte sur la colonne vertébrale. Je me glisse néanmoins devant le volant.

Je gamberge à mort. Tout se mélange dans ma tête. Je me dis que je suis dans « SA » voiture. Qu'il a bien voulu me la prêter ! Il l'a achetée seul, il y a quelques mois à peine.

Je me souviens de ma surprise qu'il ne veuille pas que je l'accompagne. En vingt ans (cinq ans de promesses, dix de fiançailles, cinq de mariage), il n'avait jamais fait un investissement de ce type sans me demander mon avis. Dès qu'il s'agit de goût ou de couleur, c'est moi qui suis censée être à la page, la fille *in*, la connaisseuse « ès » bons goûts, même si, parfois, il me fait comprendre que je suis un peu trop tendance pour lui.

Mais là, je n'ai rien eu à dire, il ne m'a rien demandé. Pourquoi ?

Mes pensées me brûlent, se bousculent... me bousculent. Je tourne la clé dans le démarreur. Trop fort. La clé se casse. C'est pas vrai ! J'ai envie de hurler, de rester là agrippée au volant, les yeux noyés de larmes sans plus bouger.

C'est moi qui l'ai poussé à abandonner ses jeans informes pour porter de vrais pantalons. C'est moi qui lui ai offert son premier costume de marque. Et maintenant, c'est moi qui viens de casser cette saleté de clé dans le démarreur de « sa » saleté de voiture.

Mais c'est lui, lui qui est en train de tout casser, de tout foutre en l'air.

Tant bien que mal, je parviens à me dépatouiller avec… ma pince à épiler et à démarrer. Impossible de me décider à avancer. Je le rappelle sur son portable. Il est en ligne.

Avec elle, sûrement.

Mais qui, elle ?

Ça y est, la machine infernale s'est mise en route. Plus rien ne pourra l'arrêter.

Depuis la naissance de Jérémy, il y a six mois, je sentais Philippe plus distant. Mais, entre les enfants, le boulot, l'achat de notre futur appartement, la gestion de la banque, de la nounou, je ne trouvais guère le temps de lui en parler. J'étais dé-bor-dée.

Et puis, j'avais décidé de me préparer à mon premier marathon. Mes deux maternités avaient chamboulé mon corps. Je ne me plaisais plus. Je n'avais plus de seins, plus de taille. Mon ventre était tout mou. Avant la naissance de mes enfants, j'avais toujours couru, toujours fait de la gym.

Là, dans le genre paquet cadeau, je me trouvais un peu « chiffon ». Début juillet, j'avais donc secrètement prévu d'entamer la reconquête de mon mec, de lui faire mon numéro, de mettre les petits plats dans les grands.

Nous nous apprêtions à vivre notre premier été de parents… en amoureux. On avait stratégiquement placé nos deux enfants, Léa – qui venait d'avoir trois ans – et Jérémy – à peine six mois – chez mes parents, puis chez leurs grands-parents paternels. Une idée de Philippe qui, pour la première fois, n'avait pas organisé ces vacances avec sa minutie et sa précision légendaires. J'avais bien trouvé tout cela un peu « flou », mais m'imaginer si proche du vide ! Pour lui, sûrement, tout était clair. L'été décision... l'été des scissions.

Et maintenant, le cœur plus embouteillé encore que ces quais de Seine, j'ai l'impression que tous les feux sont au rouge, que les voitures se faufilent au ralenti devant moi. Jamais les quatre kilomètres qui me séparent de « chez-nous » ne m'ont paru si longs.

Quand surgit enfin la porte du parking, je réalise qu'elle est grise comme celle d'une prison. J'appuie sur le bip en suffoquant. Elle ne s'ouvre pas. Je l'insulte. Ça marche. Je rentre dans le garage, le cœur battant, me gare à la va-vite.

Pourvu que je ne croise pas le gardien ou un voisin. Je dois avoir une tête d'ahurie. Et puis, je pense soudain qu'ils ont peut-être déjà rencontré Philippe avec sa maîtresse. J'ai honte, c'est si ridicule. De toute façon, j'ai l'esprit si embué que je ne les verrais même pas.

J'arrive sur le palier devant notre entrée, je tourne la clé dans la serrure, je pousse notre porte. Elle me paraît lourde, comme un cauchemar. Je la claque derrière moi. Je viens, sans le savoir, de rentrer pour la dernière fois dans « ma maison du bonheur ».

Il est là, mon mari, mon homme, le père de mes enfants, mon amour d'enfance, ma moitié, mon moi au masculin, mon frère, mon ami, mon amant… Philippe est là, il m'attend tel un géant sûr de lui. Nous nous installons en silence dans le salon, lui sur le fauteuil et moi, juste en face, sur le grand canapé blanc. Cette fois, c'est moi qui attends, en suspens de tout mon être. Je l'écoute parler. Il a prévu cette explication, il est calme. Il m'annonce d'une voix assurée mais basse, comme pour calmer mes élans, qu'il a une maîtresse, qu'il a essayé de la quitter, qu'il n'y est pas parvenu. Il « l'aime ». Ce verbe-là fait trop mal, d'habitude, c'est notre verbe à nous. Il résonne dans mes tympans tel un glas.

Mais c'est insensé. Je m'entends lui répondre que tout cela n'est pas bien grave, que c'est un incident de parcours, que cela peut arriver à tout le monde… même à des gens très bien ! Nous, nous avons deux enfants, dont un bébé, nous sommes tous deux passionnés par nos métiers… C'est impossible tout ça. Impossible que nous cessions d'être heureux ensemble ! Je suis prête à effacer, à pardonner, à oublier. Je m'y engage.

Bizarrement, malgré la montagne qui m'écoute, ma voix ne trouve aucun écho. Ne m'entend-il déjà plus ?

Se laisse-t-il le temps de décanter ? Attend-il de pouvoir réfléchir à deux dans son autre refuge ? Je crois me souvenir qu'il trouve un prétexte quelconque pour clore ce premier chapitre, me laissant seule, à demi prostrée dans un canapé devenu falaise, aux horizons vertigineux.

La nuit est courte et longue à la fois selon qu'on la mesure à sa couleur blanche ou bien à la noirceur des idées qu'elle génère.

Et puis l'aube arrive. Le début, sans doute pour de vrai, d'une aube nouvelle.

Ensuite, il y a toujours un moment ou le trop-plein de douleur devient anesthésiant et vous libère pour un bref délai. Le moment où le corps décroche, se réfugiant machinalement dans quelque geste banal. Le moment où le cerveau, en apnée de souffrance, en recharge d'énergie, s'essaie à une analyse simplifiée, distanciée. Analyse souvent succincte mais radicale. Aussi nécessaire à l'évidence qu'un bouillon de légumes à un gréviste de la faim.

Entre le recroquevillement et la fleur de lotus, bien avant le réveil matinal, réfugiée dans la salle de bains, j'entreprends de me couper les ongles des pieds, l'œil droit quasiment clos par l'épuisement et les cernes « lacrymaux », l'œil gauche écarquillé à l'extrême pour garantir sa vigilance et se prévenir d'une blessure vraiment superflue.

À peine réglé le sort du gros orteil, une question clé s'incruste dans ma tête comme une idée fixe : pourquoi maintenant ? Pourquoi Philippe s'est-il décidé hier à passer à l'aveu ? Lui, bien sûr, n'a fourni aucune explication. Il s'est contenté de parler compassion et de nous adjurer de ne pas nous manquer de respect.

Mais il y a forcément une autre explication à ce dévoilement brutal. Tandis que mes rognures s'effritent sur le sol aussi lamentablement que celles de mon âme, je guette dans les paravents de poussières en suspens, révélés par les premiers halos du soleil levant, une sorte de génie sortant de sa lampe pour exaucer tous mes vœux et m'apprendre la vérité. Mais c'est une vérité sûrement tragique reléguant les affres traditionnelles de la jalousie au rang d'anecdotes.

Qu'il ait eu ou ait encore une maîtresse, au fond, je ne trouve pas cela bien grave. Qu'elle puisse éventuellement le presser de clarifier la situation auprès de moi l'est bien davantage.

Que l'aveu le libère d'une culpabilité tout à fait hypothétique ne serait pas si malsain. Mais qu'il veuille me la faire partager afin que je lui octroie un *pass* de liberté non conditionnelle, en signe de complicité partagée, me semble beaucoup plus menaçant.

Hier matin, encore, en me maquillant, je me répétais une formule idiote : « Tous mes bonheurs, tous nos bonheurs. » Je venais de finir le petit déj avec lui et nos deux petits princes. La vie me semblait simple, conforme, en tout cas, à ce que j'en avais toujours attendu.

Hier soir, j'étais en train de parler d'oubli, de pardon, d'effacement.

Et maintenant, alors que je le regarde se réveiller, il semble déjà si loin, mi-solennel mi-indifférent. J'ai l'impression de porter des moufles et d'essayer de lui glisser son alliance au doigt. Le voilà qui me remercie pour nos « vingt années de félicité ».

« Tu parles, Charles »… « Félicité »… aussitôt énoncé, ce mot se désagrège, explose au sol comme une mine anti-personnel, éjectant pêle-mêle, tous azimuts, des pensées destructrices.

Depuis vingt ans, je construis pierre à pierre la maison de nos rêves d'adolescents. D'abord, je bosse pour deux comme une malade. J'économise pour quatre comme une fourmi. Je sponsorise fiançailles, mariage et baptêmes. Je mène au pas de course ma formation et ma carrière de journaliste pour qu'il puisse suivre ses études de médecine. Ensuite, dès qu'il achève son cursus pour devenir cardiologue, qu'il gagne enfin sa vie, je remballe mes ambitions d'*executive woman* et me consacre pleinement à « notre » famille.

C'est vrai que nous avions coécrit un scénario quasi parfait. Venus de notre banlieue, du 9-3, on s'était programmé une *success story* assurée.

Deux jeunes ambitieux capables de sortir de leur cité HLM, de s'offrir des voyages aussi luxueux qu'amoureux, de célébrer des fiançailles à l'ancienne pour montrer aux copains que nous savions nous aimer mieux que les autres !

Pourtant, ce jour-là, il y avait eu comme un mauvais présage. Il avait plu toute la journée façon déluge. Comme si notre amour devait s'épanouir en prenant déjà l'eau.

On avait à peine vingt ans.

Chapitre 1
Une fille des Temps modernes

L'horreur, ce jour-là et tous les suivants, ce fut de découvrir que je m'étais peut-être « trompée » d'homme. Bien davantage que d'apprendre qu'il m'avait trompée avec une autre.

« Trompée ». Sacré double sens. Pour certaines femmes, le drame se situe au niveau de la culotte. Pour moi, qu'il ait couché ailleurs, peu importait. Mais qu'il ait caressé d'autres valeurs que les nôtres, qu'il ait sacrifié notre futur antérieur au conditionnel de son sexe, c'était la fin du monde. Il avait trahi notre histoire, il m'avait trahie, il *nous* avait trahis.

Élevée dans des principes classiquement judéo-chrétiens, je n'ignorais pas que l'adultère peut égratigner les plus belles histoires d'amour, les plus authentiques. Pourtant, le mot fidélité ne rimait pas dans ma tête avec intégrité, ni avec sécurité. Je savais que rien n'est sous garantie.

Avec Philippe, nous nous étions aimés trop jeunes pour ne pas nous permettre quelques coups de canif dans le fameux contrat moral scellé devant parents et amis.

L'objectif, que nous nous étions donné, que nous avions maintes fois commenté devant le spectacle de certains amis en plein naufrage, ce n'était pas tant le plein épanouissement conjugal, familial et social, c'était avant tout de tenir le cap à deux. Ce qui passait forcément par la traque de toutes les frustrations. Pour nous, le parcours sans fautes n'était pas celui qui s'interdit les fautes, c'était celui qui vous permet de tenir la longueur, jusqu'à la ligne d'arrivée.

De mon côté, l'infidélité, je me sentais assez solide pour ne pas me l'interdire sans m'y dévoyer. Vieillir ensemble sans s'être confrontée à d'autres virtualités amoureuses aurait terni la grandeur de s'être choisis. Et puis j'étais journaliste, quand même ! Curieuse, donc. Il fallait bien que je sache comment aimaient les autres. Que je découvre si tous les mâles de cette planète avaient été façonnés sur le même moule.

Pour lui, après tout, je n'étais ni la première, ni sa seconde, ni sa troisième. Moi, à part un dépucelage anecdotique, je n'avais connu que lui.

Enfin, j'avais bien compris, ou plutôt on m'avait bien inculqué la leçon : aucun mec, pour sa part, ne saurait être fidèle à vie.

Alors, le dérapage incontrôlé, la transgression passagère, j'étais prête à pardonner. J'aurais même pu opter aisément pour la bouée d'oxygène, la fleur de modernisme, le soupçon de liberté.

Mais j'avais la certitude que, pour lui comme pour moi, aucune rencontre ne saurait se révéler digne d'avenir. Il avait définitivement choisi la mère de ses trois enfants et moi le père des miens.

Nos destins siamois, nos soucis identiques, nos points communs, nos besoins fusionnels d'échapper à notre milieu, à notre banlieue, aux parcours de nos parents… tout nous protégeait.

Ma mère, je ne pouvais pas lui ressembler. Moi, j'étais une fille des Temps modernes, pas une esclave du temps jadis. Elle avait élevé ses trois enfants avec dévouement et tendresse, compté ses sous en négligeant sa trousse de maquillage, appris à aimer mon père sans se poser de questions sur ce qu'elle n'aimait pas.

Moi, je voulais tout réussir. Mes vies de femme, de maîtresse et d'épouse. De mère aussi, bien sûr, mais surtout pas tout de suite, pas trop vite. Je voulais être libre d'accéder au plaisir, de bourrer mes armoires de cosmétiques, de gâter ma famille sans gâter mon bonheur.

Tout cela devait se fonder sur l'essor de Philippe. Il préparait médecine, ligne d'horizon flatteuse. J'ai mené carrière pour lui. J'ai fait rimer heureuse et laborieuse, indépendance et appartenance. Cursus d'histoire à la Sorbonne et carte de presse à dix-neuf ans. Je construisais le monde et lui en offrais les plus belles contrées. Mes voyages, mes rencontres, l'aisance financière, au prix de ma sueur hebdomadaire. Je trimais à Paris toute la semaine et j'aimais cela. Le week-end, c'était pour lui. Le week-end, c'était nous et nos rêves.

Il a d'abord étudié dans le sud de la France, puis est parti faire son internat dans le Nord. Du lundi au vendredi, on se téléphonait dix à vingt fois par jour. Les portables n'étaient pas nés. Les forfaits non plus. Les additions se révélaient phénoménales, mais qu'importe ! Parfois, les sonneries s'étouffaient dans la nuit. Je savais qu'il était sorti avec des potes. Je m'endormais avant l'aube, le cœur serré dans l'oreiller. Un peu jalouse. Un peu malheureuse. Mais portée par une certitude d'avenir.

L'ambiance carabins ne me fascinait pas. Ma seule incursion dans l'une de ses soirées m'avait suffisamment dérangée pour que je me jure de ne plus y retourner. Un truc délétère où le corps et la chair s'oublient dans la fausse ivresse et l'impudeur. Les filles sous les tables. Les mecs éructant leurs relents d'alcool. La provoc et l'immaturité sous couvert de l'abandon des tabous !

Mais j'excusais le tout. J'admettais qu'il faille détourner les violentes réalités quotidiennes du Samu ou de la morgue !

Les samedis et dimanches, dès que mes rédacs chefs m'épargnaient les reportages, nous nous retrouvions, incandescents, et on s'immergeait dans la joie du jeune couple bouillonnant de billevesées, de racontars en retard et de désirs fringants.

La première journée, on la passait au lit, consacrée aux câlins, interrompue par une seule sortie pour faire deux ou trois courses. Le lendemain, c'était projets et compagnie, gros plan sur l'avenir est à nous. On dressait nos listes de prénoms de bébé. Même la couleur de notre futur canapé s'annonçait rose bonbon.

Franchement, dans la panoplie jeune adulte idéal, nous portions du sur-mesure. Pas une seule date de fête ou d'anniversaire oubliée, y compris ceux de ses grand-mères. Pas une arrivée en famille sans bouquet de fleurs ou boîte de chocolats. Pas même une photo souvenir développée sans adresser de double à qui cela saurait faire plaisir. Tout le monde nous trouvait parfaits et nous n'étions pas loin d'en penser autant.

Tout le monde autour de moi semblait aimer Philippe et croire en lui. Les mères de mes copines soupiraient en me félicitant, comme si j'avais ravi le seul gendre acceptable. Au bureau, quand j'assistais aux chassés-croisés amoureux des unes et des uns, presque toujours sans avenir, presque jamais en dehors de notre microcosme, je me sentais en décalage horaire, comme gênée par ma chance d'avoir déjà trouvé les clés du « bonheur » et le père de mes futurs enfants.

Ce garçon-là méritait que l'on se consacre un peu à lui. Je n'ai pas lésiné. Chaque fois qu'il rêvait tout haut, je m'efforçais, malgré mes salaires plutôt modestes, d'être à la fois la fée Clochette et la Mère Noël.

Moi, mes rêves, j'avais le sentiment jubilatoire qu'ils composaient désormais ma réalité.

Depuis toute petite, je voulais absolument quatre choses : une carte de presse, un stylo Dupont comme mon père, un brevet de parachutisme et, pourquoi pas, un prince charmant, pas forcément pour l'amour mais pour avoir une vie normale.

Le stylo or, j'avais pu l'acquérir au prix de gros grâce à une tante savoyarde qui avait quelques bons plans chez ses voisins suisses. Sur la carte de presse, même la mention « stagiaire » n'a pas ôté un iota à ma fierté. Dans ma tête, avec « stagiaire » j'ai fait la rime avec lumière, avec prospère, avec « j'espère ». Quant à mon prince charmant, seul un différend mineur nous opposait, relatif, justement, au quatrième de mes vœux : le parachute. (Rien à voir avec les scandaleuses issues de secours tapissées d'or massif, réservées par le grand capital à ses capitaines éjectables.

Pilote d'avion amateur, le cousin de Philippe lui avait communiqué sa peur du parachutisme, née d'un accident mortel dont il avait été témoin. Refusant évidemment catégoriquement de m'accompagner en chute libre – un signe, j'aurais dû me méfier ! – mon cher compagnon inquiet aussi pour moi et connaissant mes faiblesses me fit promettre un nombre limité de sauts. Il m'arrima même au bastingage d'un avenir sécurisé par une phrase magique : « Le jour où tu rangeras ton parachute, je t'offrirai ta bague de fiançailles ! »

Elle m'a traversé l'esprit comme un éclair, cette petite promesse ambiguë comme un cocktail d'amour et de chantage, lorsque, par deux fois, mon parachute s'est mis en torche, se déployant en toupie comme ces rideaux de salon compressés par les enfants qui s'enroulent dedans.

Mais, au-delà de frayeurs éphémères, j'ai adoré cette sensation après le saut, quand on surplombe la terre avec des ailes de géant, au-dessus de tout, mais quand on redevient aussi le bébé d'origine, si fragile et dépendant au milieu de l'infini. Ce fut un vrai sacrifice d'amour d'arrêter tout cela pour Philippe.

J'eus toutefois mon solitaire pour récompense, petit mais peu importe ! Drôle de nom, cette pierre, « solitaire », que l'on offre ou reçoit au moment où on ne va plus l'être !

Chapitre 2
Amour unique… mais fils unique !

La plupart de ses potes faisaient médecine par atavisme. Quelques autres pour s'assurer confort social et financier.

Mon chéri, lui, semblait loin de tout cela. Même si ses parents s'étaient endettés pour lui payer ses études, l'argent ne figurait pas parmi ses préoccupations. Ses découverts bancaires ne contrariaient aucunement son sommeil et, bien qu'ayant choisi la cardiologie pour spécialisation, il rêvait de terrain, d'urgences et de service public. J'aimais ses ambitions. Trop sans doute, pour les voir dériver peu à peu. Pas assez, peut-être, pour réaliser que je contribuais, en bécasse, à leur métamorphose.

Je portais la culotte, aucun doute là-dessus, et le « recadrant » sans cesse, limitant ses virées, canalisant ses potes, râlant sur tout laisser-aller, j'orientais son évolution.

En fait, je titillais son *alien*, son ego endémique… Ils sont comme ça, les fils uniques : prompts comme personne à développer ce narcissisme qu'on a fabriqué à leur intention puis cultivé à force d'attention.

À la première paire de pompes de luxe qu'on leur offre, ils ont les chevilles qui enflent. Et du doux maternage qu'on leur a prodigué ils prennent soudain ombrage, en assoiffés d'indépendance, en mutilés de leurs pleins pouvoirs.

À mon soldat des nobles causes, j'avais donné le goût des galons.

Il opta donc pour le secteur privé et, dès sa première garde, s'offrit la montre de ses rêves, une Breitling dont Travolta faisait alors la promo. Dans le genre tape-à-l'œil… J'aurais dû ouvrir bien grands mes yeux. Je me suis contentée de les écarquiller.

Ses parents souffraient alors de sérieux démêlés avec leur banquier. Mais il faisait mine de l'ignorer. Ce qui n'empêchait pas son père comme sa mère de le prendre pour un dieu vivant.

Le plus beau des dieux. Brad Pitt, à côté, c'était Raffarin !

Dans leur maison, pas un pan de mur qui ne fût orné d'une photo de lui. Il avait l'aura absolue. Ses grand-mères lui vouaient le même culte. Il était fils et petit-fils prodige. L'enfant unique, magique, biblique. Celui qui avait réussi. Le médecin qui rend fier. Le docteur Schweitzer !

Quand toute la famille se retrouvait à table, il se servait le premier. Le blanc du poulet comme la pince du homard ne pouvaient lui échapper. Tandis qu'il mastiquait sous les regards enamourés, au centre de toute l'attention, jamais on n'aurait osé détourner la conversation vers un des autres convives !

Il faut les fuir, ces fils uniques, surtout si l'on a l'âme un peu naïve et la fibre gentille. Car, quelle que soit la danse du ventre qu'on leur propose, y compris celle de la mère de famille amoureuse et dévouée, ils gardent pour horizon leur propre nombril. L'égoïsme s'impose chez eux comme un réflexe ombilical, une marque de fabrique.

Il faut les fuir, mais on ne le fait pas.

Parce que, à vingt ans, on prend volontiers leur suffisance pour une mâle assurance.

Parce que, à vingt ans, quand on incarne leur miroir, sans... réfléchir, on se sent déjà un objet rare.

Mais, solistes sans fratrie, hostiles à l'inédit, sensibles à la flatterie, ils ne supportent pas de confronter leurs certitudes au moindre de vos doutes.

Et, pour ne pas être désarçonnés, désavoués ou contredits, ils ont appris que le mensonge servait d'esquive. Philippe en usait sans mesure. Il mentait pour un rien. À sa mère, à ses potes, aux voisins, à lui-même. On pouvait lui demander la couleur du cheval blanc d'Henri IV, si « noire » le séduisait, il entreprenait de vous en convaincre !

Cependant, j'ai beau ironiser sur la ferveur de ses mémés, j'honorais mieux que quiconque la présidence de son fan-club. Le « ma chérie, tous les hommes sont des menteurs » de ma mère m'incitait à l'indulgence, au lieu de me servir de garde-fou. Aucun homme – me disais-je – ne peut de toute façon prétendre à la perfection. Philippe cumulait suffisamment de qualités pour se situer très au-dessus de la mêlée. Envisager l'imparfait comme futur demeurait donc un bien joli présent !

Chapitre 3
La fesse cachée du miroir

« Miroir, mon beau miroir »... Tant que Narcisse vous considère comme le digne reflet de sa magnificence, la célèbre formule de la reine de *Blanche Neige* lui convient à merveille. Mais ne vous y fiez pas. Cette formule est trompeuse. S'en satisfaire relève d'une dangereuse illusion.

Lorsque l'on désire changer de voiture, on ne met pas aussitôt sa vieille caisse à la casse. Et, pour peu qu'on en ait les moyens, ainsi qu'un garage assez spacieux, on conserve volontiers sa fiable berline au long cours, même une fois acquis son nouveau coupé sport.

Bref, pour le miroir, il peut y avoir une fesse cachée. En effet, remplir cette fonction de miroir implique deux conséquences antagonistes. D'un côté, bien sûr, en permettant à l'autre de se regarder en face, en lui renvoyant une image de lui-même rassurante, sans cesse améliorée, on demeure sa référence. Mais, d'un autre côté, on devient la mémoire qui l'encombre, la loupe de ses points noirs, l'objet de verre qu'il lui faudra briser dès qu'il aura décidé de se la jouer cristal.

Philippe, moi, je lui rappelle d'où il vient. Moi, je sais qui il est. Moi, je sens quand il ment. Philippe, je ne l'ai pas seulement vu grandir, je l'ai fait grandir. Alors, quand une « super » nana, qui trouve peut-être les hommes mariés plus excitants que les autres et joue sans doute les grandes dévouées avec les mandarins, se met à le regarder comme le leader d'une génération de demi-dieux, il ne se pose aucune question ni ne s'embarrasse du plus petit scrupule.

Avec mes deux mouflets sous les bras, mes portables greffés aux oreilles, ma salvatrice paire de baskets autour du cou, mes couettes à la va-vite et mes petits plats surgelés, je ne fais clairement plus l'affaire dans le double rôle de faire-valoir et d'allumeuse qu'imposent les machos chroniques.

Or, depuis quelque temps, les jours de repos, il ne m'apporte plus aucune aide à la maison. Ses rendez-vous avec les représentants des laboratoires se multiplient et surviennent malencontreusement dès que l'hôpital ne le requiert pas.

« C'est la rançon de la gloire », fanfaronne-t-il en me demandant de choisir une chemise assortie à son pantalon.

Et moi, heureuse, mine affairée mais épanouie, ravie de le sentir si bien dans sa peau, de l'entendre siffloter joyeusement, je lui peaufine son *look play-boy*, j'ajuste son col et je défais le bouton inférieur de sa veste.

Je fais tout pour lui simplifier l'existence. Je vais même jusqu'à mobiliser mes parents pour leur confier les enfants lorsque je pars en reportage, libérant ainsi son agenda et… notre appartement !

Le reste du temps, Monsieur va à l'hôtel. Lui qui, même au cinéma, n'a jamais cessé d'affecter des nausées devant ces chambres au papier peint à fleurs ternies où se consument, de cinq à sept, les amours à deux balles, il s'y ébat sans vergogne. Ses relevés bancaires attestent, cela dit, d'une qualité « hospitalière » d'un niveau très honorable !

Par chance, les palaces se font rares aux abords de l'hôpital d'où il ne s'éloigne jamais trop !

Un comble, d'ailleurs, avec autant de literie dans son établissement, qu'il ait dû mettre la main à la poche pour louer des matelas synthétiques le temps de s'envoyer en l'air.

Je ne doute pas que, en période de gardes intenses ou entre deux urgences, notre *erectus sapiens* ait tout de même testé les délicieux couchages des locaux médicaux et tous les coins de bureau de ses collègues moins assidus.

N'empêche, l'addition hôtelière se corsant, tandis que se profile déjà l'angoissante hypothèse d'une future pension alimentaire, il faut penser à épargner.

Alors on promeut un vague pote au rang de nouvel ami et il vous prête sa chambre comme il aurait aimé qu'on lui en prête une, avant qu'il ne perde sa propre maîtresse avec regret et nostalgie.

Ah, les « potes » du mari, les formidables potes. Il faudrait leur consacrer un chapitre entier. Toujours investis d'une sorte de mission communautaire. Vrais militants d'une médiocrité, pour ne pas dire vulgarité, qu'ils confondent avec solidarité !

Au début, on s'émeut devant eux comme une coquille d'œuf découvrant une omelette. Ensuite on les supporte comme une cagoule qui gratte, un matin de grand froid.

Ce sont, en fait, de vrais ennemis.

Mais on ne peut le savoir avant qu'il n'y ait un trou dans la coque du navire. Les masques se craquèlent, l'hypocrisie s'estompe. D'un côté, ceux qui ne vous ont jamais supportée. De l'autre, ceux et celles qui vous ont toujours jalousée !

Pas un, bien sûr, ne vous aurait prévenue que vous étiez cocue. Pas un, non plus, n'aurait incité Philippe à un minimum de décence. Seuls quelques ricanements, regards en coin, quelques gloussements, quelques excès de justification complice auraient dû m'alerter. Mais l'acuité s'assortit généralement mal avec ma crédulité.

Au lit, pourtant, mon corps me soufflait des indices. Je n'aimais plus les baisers de Philippe. Quand je rentrais éreintée du boulot, je le laissais me faire l'amour sans m'émouvoir de son désir.

Un jour, j'ai même trouvé des cheveux blonds dans le casque de mon scooter.

Je me souviens d'avoir seulement murmuré : « Tu as une maîtresse. Tu veux qu'on en parle ? »

Aucune réponse.

Je m'en suis contentée !

Chapitre 4
Peur de le perdre, peur de me perdre

Comment définir, comment supporter ce moment ou tout bascule?

Moi, Bayard au féminin, si douée pour contourner l'autocritique par mes certitudes, si vite affichées, si experte dans l'art de déjouer tous les soucis et de me revigorer en faisant appel à des ressources bien éprouvées, me voilà si bouleversée que plus rien ne marche. Tout s'inverse. Je me mets en cause. Je découvre à la fois les reproches et la peur.

Les reproches que je me fais, qui me submergent, qui me torturent, dont je me perfuse.

La peur qui m'envahit, où je me brûle, où je me glace, où je me perds.

Perdre, c'est le mot de tous les vertiges quand on s'est prise jusque-là pour une gagnante.

Perdre, c'est ça. J'ai peur de le perdre. J'ai peur de me perdre. Peur de tout perdre. Tout ce sur quoi j'ai bâti mon avenir. Tout ce sur quoi j'ai forgé mon armure.

Je ne suis plus Bayard. À peine don Quichotte au féminin. Pauvre chevalière, entêtée à poursuivre son combat, bien qu'elle soupçonne déjà qu'elle se bat contre des moulins à vent. Pauvre chevalière qui n'a plus ni monture ni même bague au doigt. Pauvre chevalière, débordée par cette résolution : elle doit sauver le château assiégé.

Comment ? Je ne sais pas du tout. Mais la stratégie, chez moi, c'est d'abord du basique. Mon plan d'attaque est, doit être, animal. Je vais commencer par la lingerie.

Me voilà donc chez Dior et chez Nina Ricci. Hébétée comme une porcelaine au milieu d'un troupeau d'éléphants. Tout cet argent mis de côté pour notre avenir, qui imprime maintenant de stupides tickets de caisse.

Toutes ces consignes d'économie qui me labourent les tempes. Jamais je n'ai lorgné pour moi du côté du plus beau. J'ai toujours trouvé débile de sacrifier des fortunes à de telles futilités. Et là, sans même une once d'exaltation à l'idée de me faire un cadeau, je finis par m'offrir mon premier ensemble de lingerie de luxe. Choisi évidemment dans « ses » couleurs préférées !

Devant le miroir de ma salle de bains, il y a pourtant quelque chose qui cloche. Avec mon corps d'anorexique et ma tête de zombie, avec deux tétons engloutis au creux des côtes, avec des iliaques cerclant mes hanches comme des anses de panier, je me ferais recaler au casting pour les plus anodins seizièmes de page du catalogue de la Redoute !

J'ai beau me dire qu'elles m'envieraient, toutes celles qui répondent à l'épreuve cocufiage par la version boulimie, toutes celles qui vont tellement mal qu'elles grossissent sans même rien avaler, toutes celles qui ne retrouveront jamais le corps de rêve propice aux compensations de leur divorce, je me sens nettement plus proche du chat de gouttière que de la chatte sur un toit brûlant.

Alors, je finis de vider ma tirelire. *Exit* le blush de chez Prisu ! Cosmétiques top niveau, je vous vaux bien. Adieu, les couettes à l'élastique ! Coiffeur tous les deux jours. Basta lunettes et pyjama ! Même la nuit, j'affronterai son regard en nuisette élégante et lentilles teintées.

Je suis prête à tout et je mets les bouchées doubles.

De jour aussi, je mc pourris la vie. Je traverse la capitale pour lui dénicher les meilleures crèmes au chocolat de Paris, son dessert fétiche ! J'ai trouvé un pâtissier qui me les concocte sur commande. Mais ses ramequins en faïence… il faut les lui rappporter *sine die* comme, jadis, les consignes des bouteilles de limonade artisanale.

Et puis je m'en remets aux sciences occultes. Marabouts, astrologues, diseuses de bonne aventure, armada de charlatans en tous genres, j'essaie tout. Je dévore même les horoscopes, comme un jeune ermite en proie à la tentation se ruant sur la Bible pour trouver la bonne parole.

Poussée par la voix « céleste » de mon père, qui, s'il n'avait rencontré ma mère, serait sûrement entré dans les ordres, je vais jusqu'à rencontrer un curé. Après tout, c'est dans une chapelle corse que Philippe m'a demandée en mariage. Et puis, le jour des noces, ça sonnait juste quand nous nous sommes juré fidélité devant l'autel. Certes nos intimes ne se sont pas vraiment égosillés pour reprendre l'*Ave Maria* avec le prêtre. Mais tout de même.

L'homme de Dieu n'est pas Françoise Dolto ni même Ménie Grégoire. Mes soucis de mère et de femme, il les entend, mais je sens bien que, pour lui, c'est du martien. Qu'importe, j'ai besoin d'âmes charitables pour recueillir mes larmes et, mes amis, je les ai déjà trop sollicités ! Sans prendre de risques ni m'infliger pénitence pour ma peine, devant mon désarroi, le porte-parole du ciel trouve finalement l'inspiration dans le social et le pragmatique. Ses manières et ses remèdes de prêtre ouvrier me consolent un peu. J'y puise de la résolution, pas mal d'audace et des rations surprenantes d'imaginaire.

Voilà, commençons par le karting. Philippe adore ça. J'organise une virée cambouis et pétarade. J'y fais même bonne figure. Lui, il s'éclate comme un môme. Il rit aux éclats, et je me figure un petit moment que c'est gagné. Mais, le soir même, s'il est vrai qu'il reste à la maison avec nous, c'est la soupe à la grimace qu'on ressert au dîner et je déborde à nouveau d'assez de larmes pour une seconde soupière.

Alors, dans le paquet de mes dernières cartes, je joue le tout pour le tout, j'ose tirer celle du Tendre. Je fais publier un message d'amour dans les colonnes de *Libé.* Signé de moi et des enfants. Plus qu'un message… un cri ! Vers lui, bien sûr, mais aussi vers des milliers de lecteurs, pour me donner l'illusion qu'ils partagent ma souffrance et, ainsi, m'en soulagent.

Un peu libérée du poids qui pèse constamment sur ma poitrine, et m'étouffe, j'arrive à me convaincre que je parviendrai à nous sauver. Au fond, j'ai toutes les bonnes raisons de mon côté et quelques années d'avance dans la connaissance de l'autre.

Philippe, je sais tout de lui. Je lis ses émotions avant qu'elles ne le submergent. Je devine ses intentions avant qu'il ne les exprime. S'il sent que les autres vont lui donner tort, il commence par slalomer pour tromper l'ennemi, puis adapte sa route.

Libération va donc enfin bien porter son nom. J'en souris d'aise.

J'ai juste oublié une chose essentielle… Philippe ne lit pas la presse !

Quant à ses copains, fins lettrés s'il en est, ils n'achètent que *L'Équipe* !

Chapitre 5
Le bain sans fond de la dépression

Moi, j'aurais volontiers figuré dans le *Guiness Book* pour le record de la plus longue histoire d'amour. Mais, pour lui, il est sûrement temps de passer à autre chose !

L'homme qui vit en face de moi ne ressemble en tout cas plus du tout à celui d'hier. Il a du mal à feindre. Je ne sens en lui qu'une envie, celle de s'échapper pour plonger dans sa nouvelle idylle. Et, s'il faut pour cela me détruire, je pressens qu'il est prêt à assumer sans scrupules. Il va s'anesthésier à grandes doses d'inconscience... et vogue la galère.

Je sombre peu à peu, pas à pas, tasse après tasse, dans le grand bain sans fond de la dépression. En maître-nageur avisé, même s'il ne m'y conduit pas lui-même, il me regarde me débattre, dépourvue évidemment de la moindre bouée.

J'ai perdu tout appétit et je ne me nourris plus que de quelques morceaux de mie de pain trempés dans un verre d'eau. Chaque jour, sur la balance, je dénombre un kilo de moins. Là aussi, il faut que je me résigne, je n'échapperai pas aux antidépresseurs. D'autant que, cet été, il a éloigné nos enfants, qui représentent mon seul amarrage encore solide. C'est du Kafka version *Nous Deux*. Du Hitchcock façon *Modes et Travaux*. En plus, en ce début d'août, la quête aux petits cachets salvateurs relève d'une mission impossible. Plus un médecin disponible à Paris pour les prescrire.

Je me procure tant bien que mal l'adresse d'une praticienne. Elle exerce comme gérontologue à l'hôpital Sainte-Anne ! Je l'appelle sans illusion, mais elle me fixe aussitôt rendez-vous. Une véritable histoire de fous !

Ça m'est égal, j'y puise même la force de m'adresser quelques ultimes grimaces d'autodérision. Faut pas que je craque complètement. Un traitement pour ma maladie, voilà un peu d'espoir, je suis prête à y croire. De toute façon, je ne vois rien d'autre à faire.

Malheureusement, quand je pénètre dans son bureau, je me sens déjà plus vieille que la plupart de ses patients que j'ai croisés dans le couloir. Je suis comme eux, pire qu'eux… complètement défaite. Le fardeau de la honte me courbe l'échine.

« Que puis-je faire pour vous ? me demande-t-elle, alors que j'hésite encore à m'asseoir.

– Oh, sûrement rien, ce n'est pas grave, c'est seulement que… C'est juste parce que… Enfin, voilà, mon mari me trompe et, comme une imbécile, je n'arrive plus à dormir, ni même à manger… Vous voyez, c'est banal, pas très grave, je sais bien, mais…

– Mais si, c'est grave, madame. Très grave, même. »

Et la voilà qui affiche une compassion à vous couper la honte sous le pied. Mon histoire, elle la connaît par cœur. Elle a vécu la même. Et elle m'explique comment elle s'est battue, comment, sinon, elle ne serait peut-être pas là…

Nous parlons pendant deux heures. Ce qui me soulage. Un peu. Je repars avec un traitement en poche.

Mais l'apaisement se révèle provisoire. Ce genre de chagrin dépressif relève moins de la plaie ouverte que de la métastase galopante. À peine abattues les quilles de la douleur par une psy championne de bowling, déjà elles sont remises en place par la machine infernale.

Alors que je marche d'un pas léger pour rentrer chez moi, il suffit de la vitrine d'un libraire et d'une inédite version illustrée du fameux *Blanche Neige* pour que le plomb revienne peser sous mes talons. De nouveau, je me surprends à spéculer sur les exactions de la future méchante belle-mère, sur la vigoureuse fringance du prince charmant régénéré et sur les vingt ans de malheur qu'augurent des miroirs brisés !

De retour à la maison, je suis en effet cueillie par un nouveau coup du sort. Un coup de fil insolite, qui me laisse groggy. Au téléphone, un type qui décline d'emblée son identité : c'est le mari de la maîtresse du mien ! Situation improbable par excellence ! Je rêve ? Mais non, le type au téléphone continue à balancer : « Savez-vous que c'est avec ma femme que votre mari a une relation ? » assène-t-il d'un ton quasi accusateur, comme si ce coup de poing allait atténuer ses propres blessures.

– Oui, je suis au courant, m'entends-je répondre, sans même ce rien de fierté qui pourrait cautériser mes propres plaies.

– Il paraît que vous êtes en dépression. Savez-vous aussi que ma femme travaille tous les jours à ses côtés ? »

À ce moment-là, je descends d'une marche et mon murmure trahit bien que je perds de l'assurance.

« Ah bon, non… Je croyais qu'elle bossait pour un laboratoire. »

Mon désarroi l'encourage à plus de confidences :

« On s'apprêtait à faire un enfant quand, soudainement, elle s'est mise à reprendre la pilule. Je ne vous cache pas que la situation est dramatique. Je suis au chômage. Je me retrouve sur la paille ! »

Son abattement m'émeut. Mais, soyons honnête, je me dis que c'est peut-être là ma chance et, fidèle à ma nature opiniâtre, je tente un brin de coaching :

« Eh bien, battez-vous. Ne vous laissez pas faire. Ce n'est pas la faiblesse qui arrangera les choses. Pourquoi ne pas tout tenter pour la récupérer ?

– Parce que votre mari est bien plus fort et plus grand que moi… »

Fin du coaching. Sa réponse me coupe le sifflet. Ce doit être un appel venu d'une autre planète. Je m'imagine Philippe en costume de Terminator. D'accord, il mesure son mètre quatre-vingt-dix et il a accroché sa ceinture noire de judo sur un mur du bureau. Mais, tout de même !

Je juge que l'optimisme n'est plus guère de mise. Mon interlocuteur m'explique qu'il a perdu son boulot peu après la naissance de leur premier bébé, qu'il a sombré dans une sale dépression, que sa carte bleue a beaucoup trop brûlé et que, au lit, en revanche, l'étincelle s'est éteinte. Ils ont pensé pouvoir raviver la braise en décidant de procréer à nouveau, mais alors est survenu un bon, grand et riche gaillard que je suis censée bien connaître. Je m'avoue, sans le lui avouer, que je serais bien en peine de lui fournir une brassée d'espoir et raccroche, pétrifiée, tentant d'aligner de vains raisonnements pour stopper l'affolement qui me gagne à nouveau.

J'essaie de me persuader que, Philippe et moi, on n'en est pas encore là. Je me raccroche à l'idée qu'on traverse une passe difficile. Qu'avant le retour du beau temps, les larmes et la pluie ont encore à évacuer la poussière des années écoulées. Tout ne peut pas s'écrouler alors que nous nous apprêtons, au sens propre de l'expression, à « poser la dernière pierre » sur l'édifice de notre histoire. À mi-chemin entre Paris et son hosto, on a acheté sur plan, il y a un an, l'appartement de rêve dont on surveille désormais les travaux. L'idée, c'est qu'il puisse gagner du temps pour profiter des enfants qui resplendissent de santé et que tout le monde trouve merveilleux. L'idée c'est que, à l'heure où on a vraiment tout pour être heureux, il s'agirait de le devenir. Il n'y a plus qu'à choisir la moquette et le carrelage « des » salles de bains…

Il appelle juste à cet instant pour dire qu'il ne peut pas rentrer dîner. Après Blanche Neige, c'est la Belle au bois Dormant qui se réveille brutalement. J'étouffe. Je sens la réalité qui empoigne mon cœur comme un étau. Il faut que je serre mes enfants dans mes bras. Demain, heureusement, il est prévu que nous partions ensemble dans les Pyrénées les rechercher chez mes parents.

Là-bas, ces derniers feignent bien sûr de tout ignorer. Je sauve aussi les apparences malgré une tête de déterrée vivante. Les enfants collés à mes jupes, mes antidépresseurs avalés à heure fixe, je m'offre une bulle d'oxygène, entourée des montagnes et de ma famille, fratrie et neveux compris.

Philippe en profite pour me faire plusieurs fois l'amour. Mais avec une violence, une rapidité, une brutalité qui ne ressemblent pas à nos habitudes. Un peu comme s'il voulait me punir de quelque chose. Je ne jouis pas mais trouve motif à me réjouir : « S'il me fait l'amour, c'est qu'il m'aime ! »

Pauvre fille !

Chapitre 6
C'est Satan qui déboule aux portes de l'Enfer

Philippe repart évidemment quelques jours avant nous. Au téléphone, il se montre odieux. Je l'imagine avec elle. Il en ajoute sûrement pour dissiper ses ultimes doutes.

Pourtant, le jeudi soir qui précède mon retour, il me propose un week-end prolongé dans un palace breton. Le « week-end de la dernière chance », me dis-je en reprenant espoir contre toute logique. Il précise élégamment qu'il prend tout à sa charge. Je prépare donc mon sac pour un petit coin de paradis.

Mais c'est Satan qui va débouler à la porte de l'Éden. Pas de pacte atlantique. Il nous reconduit prématurément au bercail, où la vie va devenir... infernale !

Passons sur les détails – on s'humilie, on s'avilit, on se détruit, je te bannis – pour en arriver à la scène d'hystérie inévitable. Mes yeux se fixent sur son cou et sur ce collier de fiançailles que nous avions acheté en deux exemplaires, chacun ayant gravé sur le sien les initiales de l'autre. Le mien, je l'ai perdu depuis longtemps. Mais, lui, il l'arbore en permanence.

Ce signe d'appartenance, subitement, me foudroie par son indécence.

« Quand je pense que tu lui fais l'amour avec ça au cou ! »

Je ne peux m'empêcher de hurler et d'empoigner, par la même occasion, la chaîne en or de l'infamie qui se brise aussitôt.

Je n'aurai pas le temps ni la possibilité de la voir tomber. En guise de réponse, Satan se prend soudain pour Mike Tyson et me décoche un direct dans l'œil gauche. Je m'écroule en découvrant avec stupéfaction, et en me promettant de le dire aux enfants (c'est ça qui me sauve du désespoir), qu'on peut apercevoir des clochettes dansant autour de soi ailleurs que dans *Roger Rabbit !*

Jamais je n'aurais supposé que Philippe puisse un jour lever la main sur moi. Lui non plus, sans doute. Jamais je n'aurais pu m'imaginer allant déposer au commissariat de police une « main courante » (on ne peut pas mieux choisir le terme !) contre lui. Là encore, lui non plus.

C'est pourtant ce que je fais sur le conseil d'un de ces bons copains toujours prompts à rendre service. Un copain échaudé par les affres de son propre divorce et adepte inconditionnel du « on ne sait jamais ».

Je reviens piteuse et un peu effrayée au domicile conjugal. Or, contre toute attente, c'est Philippe qui, sincère ou non, se déclare traumatisé, davantage par la signification de son geste que par ma démarche de plaignante.

Mais c'est pour mieux me manger, mon enfant ! Car il se sert de l'incident pour affirmer que notre histoire a atteint son terme et commence clairement à me préparer à son départ : « Tu te rends compte que je t'ai battue ! » se lamente-t-il encore, quarante-huit heures plus tard, lors d'une énième scène de tragédie.

J'ai beau balancer ma réplique sur le même ton emphatique que le sien : « Oui, et alors ? La haine n'est-elle pas la réponse à l'amour ? Tout ça, c'est parce qu'on s'aime... »

Je sens bien que je m'accroche aux rideaux comme une idiote !

« Mais, enfin, regarde-toi ! Comment tu ferais si j'étais mort ? »

Typique de notre Narcisse, la question se veut choc, coup de massue. Elle se prend même pour un argument. Mais je n'y suis guère sensible. Moi – tant pis si l'Esprit Saint ou tous esprits plus sains que le mien me condamnent –, je l'aurais, à ce moment-là, bien égoïstement préféré mort. J'y aurais survécu. Mieux, pour le moins, qu'à une telle trahison.

Aujourd'hui tout va devenir, a déjà commencé à devenir, sordide, attendu, entendu. Après tant d'années de promesses et d'illusions, la mort du traître, de l'irréprochable amoureux devenu filou, aurait été plus grandiose, plus shakespearienne, que sa misérable fuite auprès d'une collaboratrice présumée cupide.

Et je me serais mieux vue en veuve éplorée brandissant, héroïque, ses deux bébés comme la louve romaine… que dans le rôle de la bécasse cocufiée et quittée, n'ayant plus que son œil droit pour pleurer !

Un auteur bien intentionné à l'égard du sexe dit faible devrait d'ailleurs s'atteler un jour à la rédaction d'un guide de conduite à l'usage des maris infidèles. Les titres des chapitres à eux seuls pourraient y faire office d'élégante ligne de conduite : « Rester bons amis : divorce réussi », « Tromper sans briser », « Trahir sans détruire », « Infâme mais les enfants d'abord », « L'adultère sans galère » ou encore « Pour que les grands dégoûtants ne se comportent plus comme de gros dégueulasses » !

Je décide enfin de cesser de réagir sans agir. Je lui annonce que j'ai pris rendez-vous chez un avocat.

Les choses vont alors aller très vite. Trop vite, peut-être. Tant mieux pour eux. Tant pis pour nous.

Je ne dors plus, je ne mange plus, je ne vis plus – je sais, je l'ai déjà dit, mais ça empire. En quinze jours, je perds encore dix kilos. Au boulot, je nettoie le parquet avec mes larmes et à la maison j'enrichis France Télécom. J'appelle au secours tous mes copains. Je bassine ma sœur et mes copines. Je cherche de l'aide un peu partout. Je réalise peu à peu que le seul trousseau qui me fera sortir de ma cellule, c'est celui de mes cellules grises.

Philippe, de son côté, sans me prescrire aucune ordonnance, me regarde désormais comme une étrangère. Sans me laisser la moindre chance de me sauver ! Je sens bien par instants son moral vaciller mais, dans son corps de métier, même les fruits de la passion ne riment jamais avec la compassion.

Alors, moi, mes sanglots longs et mes langueurs monotones, c'est un peu comme si je faisais pipi dans le violon de Verlaine !

Chapitre 7
Le retour du père prodigue

Philippe ne voulait pas attendre mes quarante ans pour me faire ses enfants. Moi, au contraire, mère et quadragénaire, j'étais séduite par la rime. Mais, à force d'arguments sur les risques médicaux, il m'a poussée au compromis. Un peu comme pour la couleur de nos voitures. Va pour trente-cinq balais. De toute façon, il n'attendrait pas davantage. Mon instinct féminin n'aurait su me tromper. Il allait me quitter si je ne cédais pas. Sacré instinct. Une vraie boussole d'opérette. Il a suffi que j'obtempère pour que papa se fasse la malle !

Son besoin viscéral de fonder une famille m'avait pourtant longtemps rassurée. J'y voyais chez lui l'urgence de combattre les angoisses inhérentes à sa profession, mais aussi la garantie qu'il ne voulait pas me perdre.

Pourtant la naissance de Léa n'a pas suffi à son bonheur. Il refusait catégoriquement l'idée que nous

nous contentions d'un enfant unique. Il affirmait ne pas vouloir lui infliger la solitude qu'il avait endurée. Choyée comme une princesse, certes, mais sans partenaire de jeux ou de confidences. Dépositaire solitaire de toutes les ambitions parentales, donc contrainte aux études les plus ardues.

Et puis, un portefeuille qui ne contient pas les photos d'au moins deux enfants, cela ne vous pose pas un homme parvenu.

Curieusement d'ailleurs, quand le cliché de son fils nourrisson est venu rejoindre, entre permis de conduire et carte électorale, la photographie de notre fille, c'est mon portrait qui en a fait les frais !

Faites le test, tiens, auprès des hommes qui vous entourent ! Fouillez leur portefeuille. Le gros plan de votre meilleur profil ou les instantanés noir et blanc de votre nudité, si cajolés pendant les années « roucoulades », disparaissent dès que vous accédez au statut de maman. Une maîtresse et une nouvelle voiture, toutes deux si possible carrossées clinquant, offrent aux péquenots du cœur un reflet plus flatteur pour leur réussite sociale.

Mais ce genre de considération ne saurait déstabiliser un matheux chronique, malhabile avec les mots comme avec les pensées, qui prend les nuances de haut et considère la psychologie et la philosophie comme du poil à gratter.

Une fois sa fameuse famille constituée, quelque chose l'encombre peut-être. Pas ses angelots car ses horaires si accaparants lui permettent de ne profiter que du meilleur. Mais l'épouse cheftaine, ça, ça l'insupporte !

Il a beau l'honorer de plus en plus brutalement, la brocarder de plus en plus méchamment, l'accuser de toutes les inaptitudes, elle demeure légitime, omniprésente, culpabilisante. Elle devient vite la seule avec laquelle sa cruauté peut opérer sans anesthésie.

Nos dîners en tête à tête, lorsque les enfants dorment, tournent au calvaire. Il dévore, se tait ou ricane, et, quand le silence se rompt, nous projette dans l'échec programmé :

« Finalement, quand on sera divorcés, je vais devoir te verser une bonne pension ! »

Cette atmosphère pesante n'atteint pas que moi. Fragiles petits radars, mes poussins se réveillent régulièrement en pleurs.

Quand mes câlins les ont apaisés, il n'est pas rare que « papa » me rejoigne et m'emplisse la bouche d'un viril baiser que je persiste à prendre bêtement pour une preuve de reconnaissance, de repentance et de souffrance conjuguées, donc d'amour !

Illusion de courte durée. Petits rêves inesthétiques comme des boutons d'acné. Le cauchemar ne fait, au fond, que s'amplifier.

Il finit par prendre ses cliques, et moi ma claque. Il met ses menaces à exécution et part la retrouver. Cette fois, il m'a quittée ! Je n'ai plus qu'à retourner au commissariat pour une nouvelle « main courante ». Mon cœur se froisse comme un vieux chiffon quand apparaissent, sur l'écran de l'ordi du préposé aux jérémiades, ces quatre mots de la fin : « Abandon du domicile conjugal » !

Je sais bien que, à notre époque, ma démarche n'a plus guère de valeur, que la loi ne considère plus l'adultère comme une faute. Mais j'ai besoin de penser que je protège mes arrières.

Au moment où je récupère les doubles de ma plainte, le fonctionnaire de service, visiblement troublé par mon émotion, croit bon de m'alerter :

« Vous savez, votre mari a très bien pu se rendre, lui aussi, chez nous et y laisser une adresse où le joindre. Dans ce cas il n'y a plus du tout d'abandon, et votre déclaration ne sert strictement à rien ! »

C'est comme l'ultime coup de poing au boxeur qui vacille déjà semi-KO. Je me fais immédiatement une crise de parano. Si ce flic croit bon de me dire ça, c'est que la chose a eu lieu. Je me sens plus démunie qu'un oiseau mutilé dont les ailes ne répondent plus.

Au téléphone, je décharge un peu de mon stress auprès de mes parents. Ils sont aux cent coups, veulent parler à Philippe les yeux dans les yeux, décident de quitter leur chalet de montagne et de débarquer chez moi, leurs valises pleines d'amour et de bonnes intentions. Je culpabilise d'autant plus que maman multiplie les incidents cardiaques. Je les supplie de ne pas bouger. Il faut que je m'en sorte seule. Sinon, en prime, il m'enverra tout ce monde à la figure.

Le téléphone, voilà, pour Philippe et moi, notre unique lien. Un peu comme lorsque nous étions amoureux. Mais, cette fois, le ton n'a plus rien à voir. L'invective, l'insulte ou, au mieux, l'ironie entachent l'essentiel de nos conversations.

« Mais enfin, ma pauvre, tu réalises dans quel état tu te mets ! »

Pas une fois ma main tendue sans que ses doigts n'esquivent !

Ce que je ne sais pas, c'est que mon beau-frère a décidé valeureusement d'entreprendre d'ébranler les certitudes de l'infidèle, de raisonner sa détermination destructrice. Or, au bout de quelques jours, il parvient, sinon à l'émouvoir, du moins à le mouvoir.

Un soir, tandis que le cercle de famille s'affaire au salon autour de ma détresse, on entend s'ouvrir la porte de l'entrée.

Un silence général tétanise l'assemblée. Nous voyons le mari enfui avancer de quelques pas, poser ses valises et décocher d'une voix théâtrale une formule digne d'un lever de rideau : « Voilà ! C'est le retour du père prodigue ! »

Il se réinstalle à la maison. Mais le rideau se referme vite et les scènes comme les actes qui suivent ne changent rien à la médiocrité de la pièce.

Tandis que je lui organise ses mercredis avec nos enfants, allège son planning, prépare ses visites du zoo ou les petites robes de Léa qu'il préfère, bref, fais tout comme dans un film des années 50, il en profite, lui, pour photocopier le livret de famille, remplir des valises en cachette, vider les albums de photos. Tout cela je le découvrirai bien plus tard.

Hautain et inflexible, Philippe tente de réadapter la fin de *Don Juan* en bricolant une issue heureuse pour le héros. Moi, j'essaie d'improviser dans le rôle ingérable de la mégère apprivoisable.

Parsemées d'interrogations angoissées et de disputes, qu'il ponctue de verres d'alcool et enfume à grand renfort de cigarettes, nos nuits s'égrènent comme un chapelet de litanies. Même dos tournés, nous nous laissons massacrer par l'insomnie.

Au boulot, mes « ratés » se multiplient. Pour moi, cela n'a guère de conséquences. Mais, pour lui, c'est la vie d'innocents que la prolongation de notre drame aurait pu mettre en danger. Cela ne peut pas durer. Il faut accélérer les choses. Aborder délibérément la descente finale.

Il remet donc ses affaires dans ses valises. On se donne rendez-vous chez l'avocat et je m'apprête à retourner au commissariat.

Une ultime scène diffère les adieux de quelques minutes et cicatrices supplémentaires. Une scène de délire où mes humeurs se télescopent en accéléré. D'un côté, je ramasse tous nos albums de photos officiels, mariage ou baptêmes, les lui jette à la figure. D'un autre, je lui propose presque tendrement qu'on trouve un compromis pour sauver notre famille ou, pour le moins, préserver les apparences.

« Tu restes à la maison. Tu la gardes comme maîtresse… »

Sa réponse fuse comme un réflexe.

« Mais elle, elle ne veut pas ça. Elle ne veut pas… »

Bien que peu convaincue moi-même par ma proposition, je me sens agressée : il ne s'est pas octroyé un centième de seconde d'hésitation. Dans mon idée, cette fille aurait pu finir par se lasser. C'est arrivé à plein d'autres. « Cette fille », mais quelle fille ? Je suis soudain envahie par une bouffée de jalousie interrogative.

« C'est elle qui décide déjà tout, c'est ça ? Mais c'est qui, cette nana… Elle est plus jeune que moi, j'imagine ? »

En me répondant « Un an », il me ment, je le sens, pour me ménager. (J'apprendrai plus tard qu'il faut presque décupler la mise !)

« Ah, c'est tout ! »…

J'exprime bêtement un léger soulagement qu'il prend pour un encouragement à la confidence. Avec un aplomb d'enfer et une indécence dont quelques mecs sont coutumiers, il se met alors à me la décrire sous toutes ses coutures. J'ai même droit à une séquence mammaire qui l'amuse beaucoup.

« Elle a les seins exactement comme les tiens avant la naissance des enfants. »

J'ai envie de vomir. Le devine-t-il ? En tout cas, il s'arrête. Histoire peut-être de ne pas se prendre lui-même pour plus cruel qu'il n'est.

Avant de claquer la porte, sans doute pour laisser entrouvert quelque droit à l'erreur, il prononce une phrase qui prendra longtemps mes neurones en otage. Sa seule phrase presque aimable depuis des lustres : « Merci pour ces vingt ans de bonheur et, peut-être, à plus tard. »

Chapitre 8
« La garde partagée ? Et puis quoi encore ! »

« Peut-être, à plus tard »… Ces mots, sans vraiment y croire, je m'y agripperai comme à une bouée aux temps les plus houleux de mes tempêtes intérieures. Il faut pourtant les oublier pour travailler à la survie de mes enfants comme à la mienne.

Mon futur ex-mari fait maintenant pleuvoir des promesses. Sur son petit nuage, il semble apparemment prêt à tout pour pouvoir gérer sa nouvelle histoire d'amour dans la sérénité. Prêt à tout me laisser, y compris une confortable pension. Je dois manœuvrer vite, ne plus laisser la douleur me dicter sa loi, entrer dans le combat.

Lui, il est parti. Moi, dans quelques jours, je serai à la porte de notre appartement, et ne sais pas du tout si j'aurai les moyens d'assumer le magnifique appartement avec terrasse qu'on va me livrer à Boulogne. Un palace pour Cosette. L'angoisse totale !

Et puis, sa grandeur d'âme, j'en redoute les limites pour peu que son orgueil ou ses intérêts se sentent menacés.

Chaque soir, durant des semaines, j'ai droit par simple texto à un nouveau coup de massue. La résiliation du contrat d'assurance de la voiture et de ma moto, par exemple.

Tout cela coïncide avec le conseil d'un copain fraîchement divorcé : « Ne traîne pas pour agir. Prends les devants. Plus les jours vont s'écouler et plus la situation va se dégrader ! »

C'est clair, il y a urgence à divorcer, à ne plus dépendre de ses humeurs, à ne plus rien avoir à faire avec lui.

De toute façon, c'est toujours moi qui ai pris les décisions importantes : les fiançailles, le mariage, les baptêmes, l'appartement plutôt que le pavillon, la voiture grise plutôt que bleue… Aujourd'hui, le divorce au lieu du compromis !

Alors, comme d'hab, redevenant moi-même, j'accélère les opérations, je récupère mon souffle, celui qui a toujours fait de moi la femme qui court. Puisqu'on m'a honorée de surnoms tels que *Speedy Gonzales*, la Gazelle, *Marathon Woman*, je ne faillirai pas à ma réputation !

Je rencontre une première avocate.

En panoplie de tueuse, elle me propose des honoraires proportionnels à ce qu'elle me fera gagner. Elle m'explique aussi que l'adultère est encore considéré comme une faute… mais plus pour longtemps ! Il va falloir que je fasse témoigner le ban et l'arrière-ban pour noircir Philippe et prouver que, seule, j'ai fait bouillir la marmite pendant vingt ans… Il n'est pas question pour elle que mon train de vie s'effondre à cause de « sa » nouvelle vie.

Impressionnée par sa hargne, je la remercie pour son énergie mais je m'enfuis en me persuadant que nous n'en sommes pas là.

Après tout, j'ai l'exemple d'une bonne copine qui vient de quitter son mari, son fils sous le bras, cinq ans de mariage sur son calendrier, parce qu'elle s'est rendu compte qu'elle ne l'aimait plus vraiment. Sa rupture se déroule simplement à merveille. Ils dînent ensemble et elle l'aide à choisir son nouvel appart. Elle a su doucement le préparer à une relation différente, où chacun joue encore un rôle gratifiant. Elle me recommande auprès d'une autre avocate qui jouit d'une réputation de conciliatrice. L'intérêt des enfants doit passer avant tout.

Aucune bataille en prévision, voilà sa carte majeure.

Cette plaidoirie pour la paix a de quoi me séduire. Je me plais à écouter les arguments de l'avocate, sans pour une fois verser une seule larme. Mais sa stratégie implique l'urgence et l'équité budgétaire.

L'argent, pour l'heure, je m'en fous. Ce que j'ai économisé, c'était pour nous et ce « nous » n'existe plus. Et puis Philippe a envisagé – il m'en a déjà parlé –

de compter une somme très raisonnable par enfant. Il ne me laissera pas dans la mouise, j'en suis sûre, ne serait-ce que pour se donner bonne conscience et sauvegarder une image flatteuse.

L'avocate transgresse alors quelque peu ses principes. Elle me rappelle qu'il n'est plus seul à décider ! Que certaines surprises ne sont pas rares dans ce genre de cas…

Notre première confrontation va confirmer son flair : « Écoutez, maître, murmure-t-il sur un ton presque affable. J'ai consulté mon conseiller financier qui m'a démontré que les montants de pension que j'avais envisagés ne seraient pas assumables. »

Stoïque, ma défenseuse ne le laisse pas s'aventurer dans d'oiseuses et complémentaires arguties : « Cher monsieur, soyons sérieux. Ne m'obligez pas tout de suite à requérir vos chiffres d'affaires. Restons décents, je vous prie ! »

Je sors du rendez-vous dans un état de rage dont je ne me croyais plus capable. Mais cette colère, je veux y voir un bon signe. Monsieur et son « conseiller financier »…, il ne manquait plus que ça !

Je me demande s'il ne s'agit pas d'un baratin de plus. Si tout ne vient pas de ce copain avec lequel il ne cesse de parler d'argent et qui m'a toujours assurée de ses meilleurs sentiments.

Je l'appelle aussitôt. Bingo, le zozo en question, c'est bien lui le « super » conseiller !

Il ne se démonte pas et a l'outrecuidance de m'expliquer que Philippe « n'avait pas suffisamment évalué les paramètres financiers inhérents à son statut social ! » Son charabia me sidère. Le dégoût m'envahit. Je raccroche et rappelle mon avocate dans un état second : « Maître, j'ai changé d'avis. Je ne veux plus de sa pension. Je ne veux pas de son argent. Je me suis toujours débrouillée sans ça. Qu'il le garde pour sa belle. Que je divorce vite et que je n'entende plus jamais parler de lui ! »

Elle tente de me calmer mais je ne décolère pas.

« Je ne le reconnais plus. C'est devenu un mec que je trouve inhumain, insolent et péteux. Tout ce que je déteste… Voilà, le mot est lâché… Ce mec, je le déteste même si j'en doute encore.

– Et vos enfants, me répond-elle, vous les détestez aussi ? Pensez un peu à eux, à leur confort, à leur avenir. Son argent, c'est pour eux. Méprisez-le si vous voulez, mais prenez-lui ce qu'il leur doit et placez-le pour eux. »

Son argument fait mouche. Je dois arriver à un compromis, y compris avec moi-même. Deux cent cinquante euros… ou deux millions d'euros par enfant et par mois ? Est-ce trop ? Pas assez ? Qui peut fixer un prix pour tant d'images déchirées ? Celles du couple, du mariage, du rêve parental, de l'équilibre familial ?

Qui ? La justice !

Le jour J, au Palais, je me blottis derrière mon avocate. Lui, il n'existe pas. Totalement transparent ! J'écoute la lecture du jugement, mais je ne l'entends pas. Je vois défiler notre vie commune comme une projection imposée dont je n'aime pas le scénario.

La résidence des époux, la prestation compensatoire, les avantages matrimoniaux, la liquidation du régime matrimonial, l'autorité parentale conjointe, le droit de visite et d'hébergement, la contribution à l'entretien et à l'éducation des enfants, les frais relatifs sur les honoraires de l'avocat.

Voilà, résumé en quelques lignes, l'acte de mon divorce.

L'arrêt sur image de mon existence conjugale.

Je serre la main de l'avocate, comme une automate, dévale les escaliers du Palais de justice et vais m'asseoir sur un banc en face des grilles. Nos regards ne se sont pas croisés. Ils ne se croiseront plus avant bien longtemps. Mon portable sonne. C'est lui. Je ne décroche pas. Je me sens incapable de lui parler. Quelques minutes s'écoulent avant que je me décide à écouter ma messagerie. J'espère une phrase douce, désolée, émue. Que nenni : « Si tu crois que tu vas m'empêcher de voir les enfants, tu te trompes, nous avons la garde parentale conjointe et je ne vais pas te lâcher. »

Un goût gigantesque d'amertume emplit ma bouche.

Comment peut-il penser ainsi ?

Cela s'annonce dur, très dur.

Mais l'avocate m'avait prévenue : « Il a le sentiment que vous avez dicté l'acte final, et ça, il ne pourra pas l'accepter. »

J'obtiens pourtant dans la foulée des dommages et intérêts – il doit me laisser sa quote-part de l'achat de l'appartement – que beaucoup pourraient m'envier. Au final j'aurai perdu un mari mais réalisé une honorable opération financière ? En finançant vingt ans de paquets de clopes, en sponsorisant ses études de médecine, j'aurais capitalisé sans le savoir pour mon futur et le bien de nos enfants ? Cela me rendrait volontiers cynique si je ne savais pas combien de femmes, trahies elles aussi, écopent en outre de l'insolvabilité de leur conjoint, donc de ses dettes, même s'il s'est conduit en bourreau !

Je demeurerai, en tout cas, toujours abasourdie que Monsieur le directeur d'hôpital et sa collaboratrice aient pu imaginer, comme la plaidoirie de leur avocat a tenté d'en persuader le juge, qu'il pourrait y avoir un rapport entre l'argent et le partage des enfants ! La garde partagée ?… Et puis quoi encore ! Comment ont-ils pu vouloir me prendre aussi mes enfants ?

Que leur ai-je donc fait, hormis, peut-être, d'avoir perturbé par la sonnerie de mon portable quelques parties de jambes en l'air ?

Je ne remercierai jamais assez mon avocate d'avoir défendu avec autant d'ardeur l'épouse bafouée et la mère en danger. Sans elle, je souffrais tant que j'aurais pu casser comme une branche fragile et tout céder .

Et pourtant, qui peut nier aujourd'hui les dégâts produits sur des enfants trop jeunes par une injuste alternance entre une mère aimante et sa réplique, forcément factice ?

Chapitre 9
Maman, c'est vrai ce que dit papa ?

Un mec sur deux trompe sa femme lorsqu'elle est enceinte de son deuxième enfant. Statistique effrayante. D'un côté, l'angoissante perspective du fameux « fils ou fille unique ». De l'autre, l'insupportable sensation de jouer son destin à la roulette, pour peu que son test grossesse ait viré positif !

Mais le drame n'est pas là. Il ne se limite pas à la médiocrité des petits coups palliatifs de la moitié des papas-maris… car les chiffres s'aggravent dès que l'enfant paraît.

Soixante quinze pour cent des couples qui se séparent en effet, partent en vrille aussitôt leur progéniture portée au nombre de deux unités !

Philippe et moi, étions donc dans la norme. Moi, en particulier, puisque, toujours statistiquement, après vingt années passées auprès d'un homme, plus d'une femme sur quatre se retrouve quadra, quittée et divorcée !

Le tout est donc de ne pas rater son nouveau départ.

Il existe pour cela des ficelles plutôt fiables.

D'abord commencer par tout jeter à la poubelle. Les photos du passé, comme ce fauteuil de mauvais goût qu'il trouvait si « rigolo » et n'a jamais voulu abandonner par « superstition » !

Franchement, si ma sœur n'avait pas été là et si ma cave n'avait pas été accueillante, je n'aurais rien gardé, d'autant que l'imminence de mon déménagement m'incite à faire le vide.

Ensuite, le départ du « chez-nous » est presque impératif, en tout cas salutaire.

Pas question de rester dans cet appartement où, à peine avais-je le dos tourné, sa nana rappliquait avec sa lingerie bon marché. Et je ne dis pas cela par ironie vengeresse. Dans la précipitation préventive ou passionnelle qu'on peut supposer, ses dessous à trois balles, elle avait fini par en oublier. Je les ai retrouvés dans mon propre linge en bouclant les valises !

Mais qui dit « ficelles » dit aussi cordes à nœuds.

Me voilà, une nuit, au milieu de mon nouvel appart désert comme un hall de gare désaffecté. Au milieu de cartons jetés épars par des déménageurs mal payés, avec mes seuls yeux pour pleurer et mes bras pour ranger. L'épreuve est plus que pénible, mais finalement bénigne au regard de celles qui suivent. Le divorce, c'est un peu comme le mariage. Le plus dur à gérer, c'est l'après.

Avec Philippe, cela tourne à l'horreur. Appels incessants, récriminations en tous genres, lettres recommandées systématiques, il ne nous laisse aucun répit.

Un enfant sèche un jour de maternelle sans l'avoir averti, une nounou ignore une tache sur un pull... Monsieur se rue à la poste !

Chaque quinzaine, il faut qu'il fasse recouper leurs cheveux. Il sait que j'adore les coupes longues. Elle, sans doute pas ! Lui non plus d'ailleurs, mais il faut bien qu'ils partagent d'autres goûts que la cuisine puisqu'il m'a brandi ses talents de cordon-bleu comme arguments majeurs de son choix ! Sur les conseils de mes aïeules, j'avais pourtant trimé côté casseroles. Mais, de toute évidence, mes laborieux déchiffrages de fiches recettes n'avaient pas suffi !

Au menu du jour, j'en reviens donc à la case avocat et je lui adresse un recommandé pour harcèlement téléphonique. Il y répond. Je lui rétorque. Il récidive. On recule vers l'enfance à vitesse grand V. L'instinct de survie, quasiment animal, fait disparaître toute trace de maturité.

Nos petits princes en pâtissent les premiers. Je resterai marquée à vie par leurs cris et leurs larmes quand nos bras se les arrachent au sortir des premiers mercredis et week-ends de l'alternance.

Je n'oublierai jamais non plus la question posée par ma fille, un soir de retour, dans un mouvement de recul :

« Maman, c'est vrai ce que dit papa ?

– Pourquoi, chérie, il dit quoi, papa ?

– Que tu es une mauvaise mère !

– Mais pourquoi dirait-il ça ? Mais comment le croirais-tu, mon amour, ma chérie ?

– Papa nous a dit que tu ne voulais pas d'enfants, que tu nous habillais mal, que c'est seulement lui qui nous voulait ! »

Il m'a fallu une heure pour la calmer, la rassurer et simultanément endiguer les sanglots de son petit frère.

Quelques jours plus tard, je reçois du papa une missive qui m'avise avoir constaté que Léa a l'air triste et renfermé ; qu'elle s'attache plus que d'habitude à s'occuper de son frère, comme le ferait une mère ; qu'elle « leur » a ouvert son cœur, vidant son sac comme un appel à l'aide ; qu'« ils » ont constaté chez elle un sentiment de solitude lié à une mère absente, à l'impression d'être, avec son frère, livrés à eux-mêmes et, bien sûr, à un manque d'affection !

Avec ça, il cite quelques jolies petites phrases hautement significatives, du genre : *« Je veux que tu reviennes à la maison, parce que maman, elle n'est pas souvent là. »*

(...) « Maman ne nous lit pas d'histoire tous les soirs, alors qu'avec marraine ou la baby-sitter, il y en a. On est souvent chez marraine et tonton, ils sont très gentils, eux ! » (...)

« Maman, elle ne regarde pas ce que l'on mange au petit déjeuner. Elle passe plus de temps à choisir son piercing qu'à me brosser les cheveux. »

En conclusion, Léa, manquant de tendresse maternelle et souffrant de ne pas retrouver chez sa mère ce qu'elle a chez son père, leur aurait demandé de m'écrire. Le tout signé ainsi :

« Parentalement.

Philippe. »

Cette signature, je crois que je l'ai relue dix fois afin de me persuader qu'elle appartenait bien au père que j'avais choisi pour mes enfants. Partagée entre la haine, la colère et le sentiment de culpabilité de n'avoir su éviter ce phénoménal gâchis, je ne suis pas longue à répondre.

Quand je relis aujourd'hui ma lettre, je n'en regrette pas un mot :

Philippe,

Comme tu n'es pas sans le savoir, les enfants de parents divorcés rêvent de voir leurs parents se remarier. Bien que j'explique régulièrement à Léa que cela est impossible même si papa et maman l'aiment, cette petite fille a tendance à s'inventer des histoires (...)

Comme toi, j'ai constaté qu'elle avait un grand besoin de s'exprimer, et à travers ses propos, me suis rendu compte qu'il y avait dans sa vie plusieurs éléments très perturbants dont l'agression de l'image de sa mère par la nouvelle compagne de son père. Elle me demande régulièrement pourquoi cette femme dit que je suis une vilaine maman et affirme que je leur gâche leurs vacances en envoyant des cadeaux (…)

Que tu aies dit aux enfants que je ne voulais pas avoir de bébés, je ne trouve pas cela très pédagogue de ta part. Et si Léa te demande : « Je veux que tu reviennes », c'est à toi qu'elle s'adresse, pas à moi. Son sentiment d'abandon concerne ton abandon, essaie de l'entendre…

Pour ton information, j'ai passé neuf mois à aller chercher Léa tous les jours à l'école et nous prenons nos repas du soir en famille… S'il m'arrive de ne pas lire d'histoire le soir, c'est seulement en cas de punition (…)

Léa ne se brosse pas les cheveux toute seule, mais elle me tanne effectivement en permanence pour que je change mon piercing… !

Enfantillages, sans doute, que ces justifications presque déshonorantes, mais j'ai assez d'humilité et de conscience pour ne pas oser, comme lui, signer : « Parentalement » !

Chapitre 10
Pour mes poussins, le temps des psys

Tant qu'à changer de vie, je décide de changer de boulot. Mon ex en profite aussitôt. Les enfants lui ayant donc rapporté qu'il m'arrivait de rentrer tard et qu'ils passaient beaucoup de temps avec leur nounou, il m'assaille de messages accusateurs auxquels je réplique tant bien que mal, affaiblie par le doute et la fatigue.

Nos bouts de chou pâtissent évidemment de cette énième partie de ping-pong et l'institutrice de Léa m'alerte sur de petits troubles de comportement.

Parallèlement, chaque fois qu'ils rentrent de chez leur père, ils témoignent d'une souffrance insupportable qui se traduit par de la violence. Quand vos petits vous tapent – en vous envoyant leurs jouets à la figure ou avec leurs petites mains – et finissent un jour par vous assommer, il commence à y avoir urgence…

La ronde des psys devient incontournable.

La première sympa, très sympa, cool, trop cool, me lance, dès la deuxième rencontre : « Mais tout va bien. Ce n'est pas grave, madame, un divorce. Savez-vous que tous les enfants de divorcés réussissent mieux dans la vie que les enfants de couples unis ? »

Moi qui cherchais depuis des mois ce qu'il pourrait y avoir de positif dans ce drame, me voilà renseignée. Je n'ai plus aucun souci à me faire. Mes enfants vont être les meilleurs. Je me demande même pourquoi j'ai acheté des bouquins du type *Comment être une mère formidable* !

Elle ajoute qu'elle trouve mon ex-mari charmant et apprécie qu'il s'inquiète beaucoup pour les enfants, il lui a d'ailleurs livré son sentiment que je ne m'en sors pas !

Il a juste oublié de lui préciser que, même au plus profond de ma détresse, aucun prince charmant, fût-il doté du plus beau cheval, du plus beau château et du plus bel équipage, n'aurait pu me convaincre de passer aussi peu de temps que lui aux côtés de nos anges.

Je me signale donc par lettre recommandée à mon attentif ex-mari : je refuse que notre fille soit suivie, c'est-à-dire orientée, par une femme si troublée – donc fort désorientée – par son charme.

Il prend aussitôt l'initiative d'en dénicher une autre dans la commune où il exerce, mais il omet de me communiquer ses coordonnées ! Les recommandés se succèdent et se ressemblent.

Le bon père me rappelle tous les quinze jours les principes de « l'autorité parentale conjointe». Je lui demande à quoi ils correspondent si je ne parviens pas à dialoguer avec lui ! Peut-être un jour un législateur avisé rédigera-t-il un petit alinéa pour expliquer comment exercer l'autorité parentale conjointe lorsqu'une seule autorité a décidé de s'imposer à l'autre !

Il me faut six mois pour obtenir le numéro de téléphone de cette seconde thérapeute, avec laquelle je prends aussitôt rendez-vous. Elle estime parfaitement normal d'avoir largement entamé ses « travaux » avec une fillette qui vit presque en permanence chez sa mère, sans même avoir rencontré cette dernière !

Une énième lettre recommandée à l'appui, je décide d'imposer son remplacement. Nous finissons par tomber d'accord sur une chose, il s'agira d'une femme n'opérant ni sur ses terres ni sur les miennes !

Troisième psy. Elle pourrait – dit-il – lui convenir, mais il estime qu'elle habite trop loin et que ses honoraires sont trop élevés. Pas question donc pour lui d'y emmener Léa. Il me suggère d'ailleurs de ne prendre ce genre de rendez-vous pour les enfants que lorsqu'il les sentira en détresse !

Me voilà éberluée par les considérations financières qu'il dénonce – même si j'admets volontiers que certains psys exagèrent. N'est-ce pas contradictoire avec son parti-pris habituel, puisqu'il insiste sans cesse sur les fragilités qu'il dit constater avec inquiétude chez sa fille, m'accusant d'irresponsabilité parce que l'annulation de deux ou trois rendez-vous aurait « brisé un suivi indispensable dont je suis garante » !

Afin d'établir un constat réellement objectif de la situation et, au passage, de la clarifier, je sollicite donc cette psy pour un rendez-vous de bilan auquel elle convainc Philippe de participer. Très vite cette réunion, qui se veut le prélude à une médiation, va tourner à la catastrophe.

D'emblée, il pénètre dans le cabinet caparaçonné dans une animosité plus que visible. Je lui dis bonjour. Il s'assied face à la psy, droit comme un « i », sans même me saluer. Elle s'en offusque plus que moi.

« Cher monsieur, je vais vous demander de bien vouloir entrer à nouveau et de répondre au bonjour de votre ex-épouse. »

Il obtempère mais s'enferme immédiatement dans une attitude d'homme outragé aggravée par cette fameuse condescendance irritée qu'affectent trop volontiers les médecins.

Le dialogue se révèle impossible. Chaque échange verbal relève de la joute. Léa n'est pas le sujet de nos préoccupations, elle est devenue l'objet de notre différend. La thérapeute tente en vain de nous le rappeler, ce qui décuple la rage de Monsieur !

Le temps passe sans que nous avancions. Les enfants m'attendent à la maison, je finis par craquer et... je quitte le terrain.

Je me retrouve en larmes sur ma moto, avec l'envie de tout larguer, avec ce désir fou que le périphérique m'emmène au bout du monde !

Je repense à cette heure épouvantable que l'on vient de passer, à la condescendance de ce docteur. « Docteur »... Et pas une once de psychologie. Un docteur qui n'a rien trouvé de mieux à me dire, lorsqu'il a appris que j'avais sollicité certains de ses confrères pour leur demander conseil sur la santé de ma sœur : « Ils m'ont tenu au courant. De toute façon, son espérance de vie se résume à deux mois ! »

Pour quatrième psy, nous choisissons un homme. Léa lui fait rapidement confiance et s'exprime comme elle ne l'a encore jamais fait.

Après une demi-douzaine de séances, il nous convoque séparément pour nous dire qu'à son avis notre fillette, qu'il estime intelligente et équilibrée, gagnerait encore en sérénité si nous cessions de la perturber en l'obligeant à voir un psy !

Chapitre 11
Le temps des psys pour moi aussi

« Dans la vie, on évolue... » L'article portant ce titre, grossièrement arraché des pages d'un magazine et glissé par Philippe dans ma boîte aux lettres, ne m'aura pas appris grand-chose si ce n'est son incapacité à dialoguer les yeux dans les yeux, au temps le plus déstabilisant de notre guerre des nerfs.

Je rêve pourtant de retrouver un équilibre, convaincue que nous ne pouvons parvenir à une sorte de paix qu'en réinstaurant le dialogue. D'autant que, faute de pouvoir les vérifier ou en discuter, toutes les informations qui me parviennent accentuent mon mal-être.

On me dit, par exemple, qu'il s'obstine à donner la tétine à son fils, alors que Jérémy n'en utilise jamais à la maison et que sa directrice d'école a invité tous les parents à profiter de l'entrée en maternelle pour en sevrer leurs enfants. Cela me tétanise !

J'aimerais aussi pouvoir lui parler tranquillement des vacances. Les premières qu'il organise sans moi...

il ne trouve rien de mieux que d'emmener sa copine et mes petits là où nous avons passé les dernières nôtres. Pour les suivantes, il réalise un projet que j'avais totalement conçu et mis en route, et qui réunit tous nos amis communs. Aucun, bien sûr, n'omet d'y traiter avec les honneurs dus à son rang la nouvelle femme du médecin !

Ce serait bien que, moyennant un brin de concertation, il m'épargne ces vrais moments d'horreur, ces semaines ou quinzaines à errer dans les chambres vides des petits, que j'imagine tiraillés dans un monde d'habitudes où je fais désormais figure de renégate.

Pour l'heure, le constat est amer. Bafouées les amitiés de vingt ans, voire de trente ans ! Inhumées nos réunions-souvenirs où s'entrecroisent nos adolescences. Flambée la « meilleure copine » qui ne trouve rien de mieux que de me téléphoner, le soir du Nouvel An à une heure du matin, alors que mes enfants et leur père la côtoient, pour me lancer :

« Quoi, ma chérie, tu es toute seule le 1er janvier ? »

Je ne comprends pas ce besoin qu'a Philippe de « relooker » les instants déjà vécus avec moi ! À cause de cela, j'overdose de clichés qui me torturent.

Par rapport aux enfants, c'est la même chose. Une foule de détails apparemment anodins me percute de plein fouet : cheveux coupés, vêtements changés, jouets qu'on ne peut transporter de chez l'un à chez l'autre car pas question de mélanger les deux univers. Philippe arrive, par exemple, à persuader les enfants de rapporter chez lui les deux premières peluches qu'il leur avait offertes alors qu'ils étaient encore dans mon ventre, celles qui étaient censées reproduire les murmures utérins durant leurs tendres premières nuits.

Il y a aussi ces réflexions insultantes qui, au-delà de leur voie recommandée, font de moi la véritable accusée de réception ! Sur l'hygiène, par exemple. Le vendredi soir, ce nigaud compte les taches ou les accrocs. Si je n'étais pas la « mauvaise mère » qu'il dénonce, il est évident qu'une journée d'école n'aurait pu les salir ! Tout juste s'il ne me soupçonne pas de sévices. Léa lui a raconté qu'elle avait dû dormir par terre, dans le couloir, il se rue chez le psy pour l'en alerter.

« Votre ex-femme dispose de quatre chambres. Pensez-vous vraiment qu'elle en soit réduite à de telles extrémités ? » lui répond-elle, le mettant ainsi face à son absurdité.

Tout cela est trop idiot. Plus que méchant, peut-être. Selon la réponse que je me fais, je passe de la haine à la compassion. Mais je sens qu'il n'y a plus qu'un pas entre un moral en berne et un mental qui bascule. Il faut réagir vite. Je commence par quelques séances d'hypnose. Puis je me décide à mon tour à consulter un psy.

Ce sera une femme. Je crois qu'inconsciemment j'ai de plus en plus de mal à faire confiance aux hommes.

Je m'attaque d'abord au problème majeur du moment et lui raconte que les enfants m'empêchent de dormir. Ils se lèvent entre six à dix fois par nuit. Or, je ne prends plus d'antidépresseurs ni de somnifères. J'ai trop l'impression de léviter à côté de moi-même. Je ne réussis donc à faire une vraie nuit de sommeil que s'ils sont chez leur père qui, lui, s'échine à me faire douter de mes aptitudes maternelles. Très vite, la psy me convainc que je suis une maman plus qu'acceptable et qu'il ne parviendra plus à me faire croire le contraire.

Il aura beau s'enfermer dans sa voiture en menaçant d'appeler son avocat parce que sa montre affiche 19 heures 02 alors que l'acte de divorce spécifie qu'il doit récupérer les enfants à 19 heures, cela ne changera rien.

La panique me quitte.

Jusqu'ici, j'avais tellement peur de perdre mes deux enfants, les poumons de ma vie. Il lui est arrivé de menacer de m'en retirer la garde. Or on m'a dit que les médecins rédigeaient facilement des témoignages et que le constat d'un état dépressif pouvait faire casser le jugement initial.

J'imaginais Philippe si puissant et me sentais si fragile ! Je me rends compte, seulement à présent, que ses tentatives d'intimidation relevaient juste de son propre malaise.

Le temps finit par jouer en ma faveur. Le rythme des recommandés faiblit. Sa belle renonce à ses stratagèmes pour séduire mes enfants. La confrontation, paraît-il récurrente, entre son propre fils et ma fille semble la crisper. Léa, ma pauvre chérie. Elle n'a pas beaucoup de chance. Mes amies d'enfance ne cessent de lui répéter qu'elle me ressemble comme deux gouttes d'eau, et elle n'arrive décidément pas à savoir si c'est bien ou mal.

Léa, petit bourgeon frappé par le gel et que l'instinct de survie a fait prématurément éclore. Léa qui s'exhibe pour que les regards ne l'abandonnent plus, qui parle fort et strident pour que les oreilles ne se détachent pas d'elle. Son intelligence perfore les convenances. Ses irrévérences atomisent l'indifférence. Tant pis si elle agace, pourvu qu'elle accapare. C'est elle qui me sauve car elle sait me faire rire. Sous l'égide avisée de ma fille, j'apprends à devenir sa complice tout en restant sa mère. Léa, l'enfant siamois de sa mère pour dédoubler sa force !

Chapitre 12
À la recherche de la paix

Selon un dicton tenace au sein des « bonnes familles », plus l'amour fut durable et profond, plus la haine sera tenace ! Il faudrait même patienter la moitié des années passées à construire pour commencer à cesser de se détruire. Pour nous, va-t-il falloir dix ans d'attente avant d'abandonner le combat ?

Bien indigeste prévision qui inciterait les plus romantiques à ne s'adonner qu'aux liaisons éphémères. Et qui m'a incitée, moi, à prendre le bélier – tiens, son signe du zodiaque – par les cornes.

Je le préviens donc pour la date de la fête de fin d'année, section « cirque », où évolue notre petit Jérémy. Il y arrive, machouillant un chewing-gum d'un air goguenard et arrogant. Je m'assieds près de lui en affectant un air naturel. J'utilise ma crispation maxillaire en métaphore de sourire. À la fin, on se murmure « au revoir » comme si l'on avait su se dire bonjour. Pas de doute, le progrès est en marche !

Quelques mois plus tard, je lui propose de prendre un verre. La conversation s'installe laborieusement. On commence bien sûr par parler de notre progéniture. Je n'affirmerai pas qu'on s'écoute vraiment. J'ai l'impression qu'on ne parle pas des mêmes enfants ! J'en profite néanmoins pour délivrer quelques messages. Je tente de lui expliquer que je ne me trompe pas de priorité même si, côté professionnel, je me vois contrainte de tout reconstruire, ce qui m'impose pas mal de contraintes et de stress.

Il ne me pose aucune question, s'étonne seulement : avec « toutes les relations que tu as, tu puisses en être là ». Je sens qu'il a du mal à masquer son désintérêt, et je réalise que ma meilleure amie a raison d'affirmer qu'il m'a zappée de sa vie.

Il saute d'ailleurs du coq à l'ânesse en me reprochant d'avoir osé traiter sa compagne de pétasse. Je lui rappelle que c'était au début de notre drame et que moi-même, quelques années auparavant, j'avais été élue « pétasse de la bande » par tout notre groupe d'amis.

J'esquisse même sur une pointe d'humour… « Je suis bien placée pour savoir que tu aimes les pétasses, non ? »

Il laisse échapper un sourire mi-amer, mi-sincère.

Je m'aventure alors sur le terrain que j'espère salutaire de l'analyse élémentaire, concédant que je peux admettre ce qui nous est arrivé mais que les choses auraient pu se dérouler moins violemment.

Là, il décroche franchement, plongeant systématiquement son regard dans sa tasse de café.

Au bout d'une heure, il décoche seulement, en guise de conclusion, la petite phrase qui tue :

« Tu sais, j'aurais pu facilement t'enlever la garde des enfants. Tu étais tellement à côté de tes pompes ! »

Un peu désarçonnée j'accroche tout de même un sourire au coin de mes lèvres :

« Tu crois vraiment ? Tu es persuadé que je suis la mauvaise mère, celle que tu as voulu que tes enfants te décrivent. La seule chose qui compte, tu sais, c'est l'amour que je leur porte et, à aucun moment, ni moi ni eux n'avons pu avoir le moindre doute là-dessus ! »

Sur quoi, je jette un coup d'œil sur ma montre, me lève et on se quitte sans se dire au revoir. Il baisse la tête. J'enfourche ma moto. Étape clé ou non-événement ? Je ne le sais pas encore.

Quelques mois s'écoulent à nouveau, puis je décide de proposer à Philippe de lui transmettre une invitation à mon nom pour une première d'un dessin animé. Il accepte mais me demande s'il peut emmener le fils de son « amie ». Je lui réponds gentiment mais fermement que je n'ai que quatre places. C'est la vérité, mais je ne cache pas qu'elle m'arrange.

Quelques semaines plus tard, je l'invite à une comédie musicale dominicale. Aujourd'hui, Léa évoque encore cet après-midi. Pour elle, c'était la première fois que nous nous parlions sans nous agresser. Je me souviens que, au moment de prendre place dans la salle de spectacle, les enfants étaient excités mais saisis de désarroi, ne sachant pas où s'asseoir. Léa se met finalement sur mes genoux et Jérémy sur ceux de son père.

Opération réussie !

Survient ensuite une étape essentielle : l'autoriser à raccompagner les enfants jusque devant la porte de l'appartement.

La psy m'avait confié qu'il trouvait insupportable la frontière de la porte vitrée en bas de notre immeuble. J'ai pitié.

Quitte à passer à ses yeux pour une idiote, je n'ai pas regretté mes mille et un petits efforts car, au fil du temps, comme disent les marins : « Ça se calme. »

Chapitre 13
Demi-vacances, double souffrance

La séance d'hystérie pour quelques minutes de retard, à l'heure de la passation des enfants, s'est tout de même reproduite. Une fois.

Ma semaine de vacances d'hiver avec les poussins se termine, et Philippe m'a déjà téléphoné à plusieurs reprises pour me demander à quelle heure précisément je compte rentrer.

Je lui ai répondu que tout dépendrait des conditions météorologiques, mais que je l'avertirais quatre ou cinq heures avant notre prévisible arrivée afin qu'il puisse s'organiser.

Cette solution ne lui convient pas. Il me le fait savoir par sms, avec un message monstrueusement agressif. Estomaquée, je l'appelle aussitôt et ne trouve pas d'autre argument que celui-ci, stupidement académique :

« Retour à 19 heures, *confer* notre acte de divorce, et à ce propos... »

Je ne peux terminer ma phrase, cueillie par une volée d'insultes et de menaces. Il éructe littéralement. Je me souviens seulement de ses derniers mots : « Je te préviens, si vous avez une seule minute de retard, je file chez les flics ! »

Le jour J, à 19 heures plus que précises, il sonne à l'interphone. Nous venons à peine de poser nos valises. Je lui signale donc que les enfants sont en train de se changer et que je vais descendre cinq minutes afin de nous expliquer entre adultes sur son agressivité.

Arrivée en bas, je tombe sur un mur. Il commence par refuser tout dialogue, s'enferme dans sa voiture en faisant mine d'alerter avocats et policiers, puis revient en hurlant. Je hausse le ton aussi. J'ai le sentiment de vociférer dans un mauvais polar qui tourne au film d'horreur. Puis je réalise que l'interphone est resté ouvert et que les enfants entendent tout. Je capitule au moment où son portable se met à sonner. Il décroche et explique calmement à des amis l'itinéraire pour se rendre chez lui.

Remontée à l'appartement, je retrouve les petits dans un état second. Totalement électriques. Je ne sais quoi dire pour les calmer. J'improvise au feeling. « Nous avons parlé un peu fort, mais tout va bien entre papa et maman. D'ailleurs, pour se dire au revoir, on va même se faire une bise. »

Du coup, au moment de se quitter, je me hisse sur la pointe des pieds et embrasse mon ex comme du bon pain. Je ne vous dis pas sa tête !

Quand les feux arrière de sa voiture disparaissent dans le virage du bout de la rue avec deux petites silhouettes que je ne verrai plus pendant dix jours, je m'effondre.

Comme souvent j'appelle alors SOS famille, en l'occurrence ma sœur.

Mon récit ne la surprend pas. Elle partage avec Philippe quelques copains communs et a appris qu'il a dû revendre ou donner son billet d'entrée à un match de foot important programmé aujourd'hui. C'est sans doute l'explication de sa colère. Il ne disposait plus d'un délai suffisant pour reprendre les enfants puis s'en délester, avant de partir au stade !

Quand il me ramène les enfants, mon aspiration à la paix me retient de le brocarder sur ses « priorités » paternelles. Je ne peux toutefois m'empêcher de lui dire qu'il aurait été plus intelligent de me parler de ses projets plutôt que de me harceler. Surtout pour, au bout du compte, se ridiculiser en jouant au docteur super-puissant qui, même un dimanche soir, peut joindre à volonté le gratin de la justice ou de la police !

Il faut, de toute façon, beaucoup de temps, d'abnégation et d'expérience pour que ces fameuses demi-vacances, lots des parents divorcés, ne soient plus génératrices d'une double souffrance.

Insupportables, ces coups de téléphone des premières années : lui qui appelle tout le temps et s'immisce dans nos séjours ; moi qui, à l'inverse, me ronge les sangs de ne pas oser appeler !

Violents ces moments où l'on s'échange les enfants sur le quai d'une gare, où je repars seule dans le train sachant qu'une autre attend, pas loin. Cette gare, c'était notre histoire à nous, à nous deux, à nous quatre, et maintenant une autre femme la partage, comme une mouche au milieu de la soupe. Elle le sait forcément. Elle se cache. Mais je la sens tout près !

Les vacances, j'en ai peu. J'enrage donc d'en gâcher la moindre parcelle sans mes enfants. Surtout lorsque je crois comprendre que leur père ne profite pas d'eux au maximum.

« Papa, il est toujours avec les copains », affirment Léa et Jérémy dont les propos ne sont pas toujours, il est vrai, fiables car, s'il est une chose dont je ne peux douter, c'est la qualité de l'amour de Philippe pour ses enfants.

Ils racontent notamment que, lorsqu'ils se font gronder, « ce n'est jamais par papa tout seul », mais par le duo. Pour moi, le duo… infernal ! J'ai le sentiment que l'homme que j'ai connu n'existe plus, qu'il s'est transformé en un monstre à deux têtes. Lorsque nous conversons, je me dis qu'il ne pense plus à la première personne du singulier, mais à celle du pluriel.

Pendant ces périodes de vacances quand mes enfants décrochent le téléphone, je ne parviens même plus à articuler un mot, hantée par la sensation que, derrière eux, il y a une femme qui tente de prendre une place – ma place – dans leur vie, dans leur cœur. J'opte donc rapidement pour l'envoi de petites lettres : un courrier tous les deux jours, assorti de surprises ou de mini-cadeaux.

Mais la méthode tourne mal car le petit garçon d'Élodie – tiens c'est la première fois que je prononce son prénom – en nourrirait une jalousie douloureuse ! J'ai donc droit à une nouvelle série de reproches !

« Arrête d'envoyer des plis, les enfants passent leur temps à guetter le facteur et sont déçus quand ils ne reçoivent rien. » Mais, dès lors que je m'abstiens de contact, je m'entends dire : « Je te rappelle tout de même que tu as des enfants ! »

La solution serait pourtant simple : convaincre les enfants qu'ils peuvent me joindre à tout moment. Mais ils n'ont pas accès au portable de papa et pressentent parfaitement que lui signifier leur besoin de m'appeler n'est pas la meilleure façon de susciter sa bonne humeur !

Quand elle est avec moi, Léa sait, depuis l'âge de six ans, composer le numéro de son père et a toujours obtenu l'autorisation de le faire. Il m'arrive même de l'y inciter. Je me souviens d'un jour où ses pensées semblaient douloureusement évanescentes. Je lui demande alors si elle a envie d'appeler son papa. Sa petite frimousse s'illumine aussitôt. Je compose donc le numéro pour elle.

Mais, quand son père décroche, elle ne trouve rien à lui dire. L'essentiel pour elle, ce qui l'a rassurée, c'était de vérifier que la procédure soit possible.

Lors des vacances suivantes, je supprime les colis et limite les lettres. Mais le couple dirigeant promulgue une nouvelle loi : l'ensemble de mes missives ne sera remis aux enfants qu'à la fin de leur séjour ! Summum d'une sottise que je prends pour de la méchanceté. Conséquence en tout cas des prérogatives que s'octroie la désormais « future ».

À quelques mois d'un mariage enfin programmé, même les punaises se sentent pousser des ailes !

Tandis qu'au téléphone je demande à Léa si elle a bien reçu mon dernier courrier envoyé au Maroc, dont le point fort n'est pas l'acheminement postal, j'entends une voix de femme lui dicter sa réponse : « Dis à ta mère qu'on fait ce qu'on veut ! »

Là, c'en est trop. Je veux comprendre ce qui se passe, je veux que Léa puisse s'isoler, je veux qu'elle m'explique pourquoi elle n'a pas reçu mon courrier, je veux que son père n'intervienne pas, je veux que cette femme se taise. Je veux et je ne peux pas. Je perds les pédales, et c'est Léa qui tombe du vélo. Elle explose en larmes et je lui propose bêtement de me rappeler lorsque les conditions seront meilleures.

Son père en profite pour enfoncer le couteau : « Bravo. Ta fille est en pleurs, elle dit que tu ne veux plus lui parler. Tu te débrouilleras avec elle quand tu la reverras. Tu as encore fait un beau gâchis ! » Sur quoi il me raccroche au nez.

« Un beau gâchis ! » Pas mal, non, cette formule de conclusion ? Je l'ai moi-même imaginée pour sensibiliser Philippe quand j'espérais encore la chose possible : « Tu ne vas quand même pas tout gâcher ? Pense au moins au bonheur de nos enfants. »

Sa réponse avait alors surgi comme une véritable torpille : « Ils vont me voir tellement heureux qu'ils seront forcément heureux pour moi. »

Heureux. On voudrait tant être sûrs que ses enfants le soient. On rêve tellement de bonheur pour ceux qu'on aime. Mais il échappe toujours à la logique, comme les couleurs d'une toupie en mouvement.

Comment préserver de la souffrance les enfants du divorce ? Doit-on les endurcir ou les surprotéger ? Il m'est arrivé d'envier les égoïstes chroniques, les enthousiastes béats et les illuminés du modernisme sociologique pour leur aptitude à éluder ce genre de questions. Il m'arrive aussi, quand ils rient aux éclats dans mes bras, de penser que je ne me débrouille pas si mal que ça. Mais il reste des moments sérieusement anxiogènes. Si nous parlions de Noël, par exemple ! La fête symbole par excellence. Celle de l'ambiguïté absolue dans toutes les familles ! Alors, imaginez dans les familles recomposées, pour ne pas dire décomposées !

Celui des deux parents qui reste seul se met la rate au court-bouillon. Il tourne névrotiquement autour de son arbre comme un animal captif. Il distille sa détresse comme l'ultime monologue d'un condamné.

Car, pendant ce temps-là, il sait, il espère – mais sans en avoir totalement envie – que ses marmousets s'éclatent au milieu de cadeaux et de guirlandes lumineuses. Deux sapins au lieu d'un, double hotte de présents, parfois même cinq fiestas plutôt que trois… car n'oublions pas les nouveaux « beaux-grand-parents »… C'est la surenchère à la compensation, la logorrhée festive en guise de repentance… Et parfois même la concurrence dans l'opulence – dans l'indécence!

Je l'avoue, j'ai, en mère compulsive, dévalisé moi aussi les magasins de jouets… et pas seulement en fin d'année ! Heureusement, un déclic survient pour moi ce jour où, d'un seul chœur, au retour de chez leur père, Léa et Jérémy me demandent ce que je leur ai acheté pendant leur absence.

Trop, c'est trop. Depuis, peu m'importe que le *nec plus ultra* de la technologie ou les moindres *desiderata* (pour ne pas dire la moindre des idées ratées) de ces enfants de la télé atterrissent dans leurs chambres chez papa… Je ne cherche plus à m'aligner. Je tente même de leur apprendre que tout se mérite et que le cadeau le plus cher demeure rarement le plus cher à nos cœurs.

Je me sens en tout cas capable d'avoir mieux à leur offrir !

Chapitre 14
Cour d'école ou Cour de cassation

Dès la première rentrée des classes, je comprends que la cour d'école relèvera bien plus pour nous de la Cour de cassation que de la cour de récréation. Terrain de jeux dangereux puisqu'il faut s'y confronter à la fois aux émotions, aux règlements et aux… apparences.

Je ne peux reprocher à Philippe de souhaiter participer aux étapes majeures de la vie des enfants. Les débuts de sa fille sous l'égide de l'Éducation nationale le concernent légitimement. Mais comment chacun d'entre nous pourrait-il lui donner la main quand nous ne savons même plus nous dire bonjour ?

Son petit cartable sur le dos, Léa étrenne à pas de tirailleuse ses chaussures neuves. Altière et fière, le nez en étendard, elle se cabre en apercevant son père planté devant l'entrée de l'école. Je la lâche. Elle tournoie, hésite, se recroqueville puis lui offre des effusions brouillonnes.

J'ai mal pour elle qui n'a d'autre choix que de fronder en s'avançant seule vers des terres inconnues. Sur le seuil de la porte de sa classe, elle me cherche, m'implore du regard de la suivre.

Philippe reste figé dans le couloir. Notre jeu d'échecs affiche ses interdits. On dirait une tour bloquée par la diagonale d'une histoire de fous. C'est moi qui déchausse Léa pour lui enfiler ses chaussons, moi qui l'embrasse une dernière fois, moi qui viendrai déjeuner avec elle à midi. La partie d'échecs est difficile à vivre pour chacun de ses pions.

Lui comme moi baissons les yeux au moment de nous croiser puis partons vaquer à nos respectives occupations !

Suivent les rendez-vous avec la directrice, et avec la maîtresse, pour tenter d'expliquer la situation et les avertir que nous souffrons d'une absence totale de communication.

J'apprendrai plus tard qu'il se plaint régulièrement d'une rétention d'informations. Elles figurent pourtant toutes dans les cahiers scolaires, qu'il ne manque pas de consulter puisque, le plus ostensiblement possible, sa griffe recouvre un bon tiers de chaque page !

Pour les fêtes d'école ou autres spectacles de fin d'année, nous contournons habituellement les dissensions avec un rien de médiocrité. Celui qui exerce la garde ce jour-là s'y rend seul.

Pourtant, sans que je sache ce qui l'a piqué, si ce n'est un de ses chers potes servant de mouche de coche, il décide, lors d'un de ces jours de fête, de modifier ce plan et, à l'instant où je débarque à l'école, me cueille devant tous les autres parents, sans même m'avoir saluée, par un cinglant : « Heureusement que tu m'as prévenu de cette fête ! Mais, bon, de toi, rien ne m'étonne... Par chance, un de mes collègues l'a fait à ta place !... »

Je rétorque en prenant sur moi :

« Plutôt que de m'agresser sans me dire bonjour, tu ne crois pas qu'il aurait été plus doux et malin de m'appeler pour me dire que, cette fois, tu avais envie de venir à la fête de l'école ? »

Sa réponse se veut mordante.

« Bien sûr, comme ça tu aurais pu rester plus longtemps à ton travail... Tu aurais sûrement expliqué aux enfants que ton boulot passe toujours avant eux ! »

Mon sang ne fait qu'un tour :

« Écoute, Philippe... certes je me serais mieux portée de n'avoir pas eu à speeder et m'en serais trouvée plus cool. Mais, moi, je n'ai aucun problème de communication avec les enfants et je leur explique chacun de mes faits et gestes avec précision. Ils n'ont rien à me reprocher. Notre relation est parfaitement harmonieuse. S'il en va de même pour toi, pourquoi leur pourrir un moment aussi important de vie familiale ?

– Tu veux peut-être que je m'en aille ?

– Oui, ce serait bien, car tu es en train de nous gâcher notre soirée. »

C'est ce qu'il a fait. Je l'ai vu se diriger vers les enfants accaparés à jouer avec leurs copains, puis il a quitté la cour de l'école.

Quelques jours plus tard, il me laisse un message en me demandant de le rappeler pour reparler de cet incident et me prévient, menaçant, que si, par hasard, je n'en voyais pas la nécessité, il en tirerait toutes les conséquences ! J'ai donc rappelé, et nous avons eu une énième conversation téléphonique stérile, chacun restant sur sa position. L'un convaincu de son bon droit, l'autre d'être sans cesse humilié.

Il y a ensuite cette institutrice qui ne trouve rien de mieux à lui dire que le pantalon de Jérémy est troué, ce qui me vaut une lettre recommandée se terminant par « ... malgré la pension que je te donne ! »

Puis vient l'épisode des noms : dans un grand moment d'embellie entre nous, je lui demande s'il accepterait de remplir les documents permettant que les enfants puissent porter nos deux noms. Il me répond par l'affirmative.

Moi j'ai conservé son patronyme après notre divorce, car je me suis souvenue des conseils d'une amie plus âgée. « Quand on divorce, m'avait-elle dit, tout est tellement compliqué. Au moins en gardant le nom de mon ex, j'ai évité tous les changements et les paperasses qui vont avec ! »

Bref, j'attends plusieurs semaines mais en vain. Enfin, un jour, les enfants me lancent : « On s'appelle comme papa, maintenant, regarde dans nos cahiers. » Je consulte aussitôt ces fameux cahiers scolaires où, depuis bientôt trois ans, j'appose les deux noms de famille et je découvre que n'y figure plus que le sien. D'un feutre noir à la fois rageur et rétrospectif, il vient d'effacer mon identité.

Après les cheveux, les fringues et le reste, voilà donc le retour des hostilités. De conseiller en avocat j'apprends que les enfants nés après 2001 peuvent prétendre porter les deux noms sur la demande d'un seul parent, sans qu'il soit nécessaire d'obtenir l'accord de l'autre. Mais, pour les miens, nés avant cette date, il fallait la permission de monsieur ! La directrice d'école, compatissante, me propose alors une solution alternative : leur donner un nom d'usage. Pour cela, pas besoin de l'aval du père, le procédé est tout à fait légal.

Le jour où je reçois les papiers d'identité où, en « nom d'usage », je lis celui de ma famille, j'avoue qu'une troublante sensation de victoire guerrière m'envahit. Victoire contre l'injustice et la bêtise, qui font souvent si bon ménage.

Ce jour-là, j'ai commencé à me sentir à nouveau en harmonie avec moi-même.

Chapitre 15
« Les mecs ? Il faut d'abord redevenir femme ! »

« Ma fille, tous les hommes sont pareils ! »... Ce précepte maternel, pour une fois, je refuse d'y adhérer. L'avenir en vieille fille aux rancunes insatiables, très peu pour moi. Difficile, bien sûr, de considérer la gent masculine avec le même crédit confiance qu'avant, mais la haine universelle et stérilisante, non merci.

Seulement voilà, pour retrouver un homme, il faut d'abord s'atteler à redevenir une femme. En cherchant bien, on a toujours dans un coin de son répertoire un bon copain prompt à toute aventure, pourvu qu'elle soit sexuelle. Un de ces soldats de la ritournelle qui distribuent leurs coordonnées comme des représentants de commerce et y feraient figurer leurs mensurations intimes s'ils étaient sûrs que d'autres, mieux dotés par la nature, n'aient pu en faire autant.

Va donc pour jouer la comparse de l'un d'eux en espérant lui faire une bonne surprise.

Une collègue de bureau, visiblement parée à tous les cas de figure, me donne à cet égard des conseils avisés :

« Non, ma chérie, tu ne peux pas te contenter de lui ouvrir la porte, de le traîner vers le canapé, et d'écarter les jambes !

– Tu es sûre ? Mais pourquoi ? Je n'ai pas envie de tricher, moi !

– Enfin, réfléchis, nous ne pouvons être que les femmes qu'ils conçoivent. Il faut leur laisser l'illusion de la mise en scène. Prévois un peu de romantisme, des bougies, du champagne et des biscuits à la cuillère.

– Bon, d'accord… les petits gâteaux, après tout, je n'ai rien contre ! »

Rien contre… mais au fond, je n'en vois pas l'intérêt. Moi, je veux juste savoir si je vais « pouvoir ». Si je vais oser me déshabiller pour un autre. Refaire l'amour… sans amour. Je ne suis pas une sainte-nitouche. Avant mon mariage, il m'est arrivé, sans lui dire, de rendre à Philippe quelques monnaies de ses pièces infidèles. Mais la « curiosité journalistique » qui m'animait me protégeait alors du doute et de la culpabilité.

Là, l'enjeu pèse beaucoup plus lourd. Il s'agit de sortir d'un genre de « quarantaine », tout en osant regarder la mienne en face. Mon corps a changé. Mes certitudes se sont envolées. Une once de cellulite par-ci, deux onces d'artifices par-là. Impossible, à l'aube, de dissimuler les traits fatigués de mon visage !

Et, en prime, le complexe Wonderbra. Sur la place de Paris, j'ai été quasiment la première à en porter. Directement importés des États-Unis ! Philippe m'avait promis une chirurgie plastique pour mes quarante balais. Lui, en contrepartie, devait se faire ôter ses poches sous les yeux.

Mais ce n'est pas Philippe qui va m'étreindre.

Bon, finalement, la chose a lieu… et on va passer sous silence les détails de ce grand retour à la sexualité. Le mot catastrophe résumera parfaitement l'événement. J'en déduis qu'on ne peut pas accéder au plaisir simplement par esprit de vengeance.

Par chance, le bon pote branché cul est resté un bon pote. Tant mieux, on ne sait jamais ce qui peut arriver !

En attendant, je resterai célibataire pour mon prochain samedi.

Les week-ends d'absence des enfants, le vide de la maison pèse trop lourd. Passée presque directement des jupons de maman aux chaussettes et chemises du mari, je suis vouée à l'échec quand il faut me confronter à la solitude.

Je me force à voir des gens, j'arbore béatement ce sourire *ultra bright*, rare chez moi, dont on m'a persuadée qu'il me rendait plus belle, je m'entraîne à maintenir mes paupières ouvertes au-delà de 22 heures. Mais je me sens comme un Atlas épuisé de porter tout le poids du monde, et dont la surface marine aurait la couleur des larmes.

Et puis, forcément, un soir, il y a ce mec, qui vous invite à boire un dernier verre chez lui. Le problème, c'est que je ne bois pas. Cela peut prêter à sourire, mais, quand on se décide à dire oui tout de suite pour faire la fille cool et branchée, on a l'air un peu débile, arrivée dans l'appartement d'un célibataire endurci, de réaliser que forcément, chez lui, il n'y a que de l'alcool.

D'autant que, après, il faut passer aux choses sérieuses. Et alors on réalise subitement qu'on n'a pas tout le matériel adéquat. Pas l'ombre notamment d'un préservatif dans le sac à main. Et lui… En a-t-il ? Pas facile de demander d'un ton décontracté lorsqu'on n'a rien d'une habituée.

Bon, on ose quand même. Il a ce qu'il faut. Ouf ! Il se tortille un peu pour s'équiper. On cherche l'attitude idoine pour chasser l'ambiance salle d'attente, puis on repart à zéro en affectant une audace moderniste et on expédie sa petite affaire… C'est là qu'on réalise combien toutes les années passées avec le même homme pèsent lourd sur l'agilité de nouvelles parties de jambes en l'air !

Mais la nature a le dernier mot même si elle se contente, en rendant son verdict, d'un soupir très vieille France qui ne soulage pas d'un nouveau lot de questions.

Car, après, on fait quoi ? On reste ? On part ?… Et pour faire pipi… on y va toute nue ou rhabillée ?

Finalement, on trouve un prétexte futile pour aller « débriefer » dessous sa propre couette !

Mais, avant, on dit quoi ? « Salut, chéri, c'était cool ! » ou plutôt « on s'appelle ! » ou encore « tu m'appelles ? »

Ascenseur salvateur, brise de rue salutaire, quelques pas machinalement avant que pointe son nez un tout petit bout d'ivresse. Une voix inédite qui vous murmure « voilà, c'est fait » et qui ajoute aussitôt que ce serait génial de dénicher l'homme idéal avant que ce traître d'époux envolé ne vous annonce officiellement son remariage.

Refaire sa vie ? Claquer la porte à la figure de celui qui est parti trop vite ? Je n'en suis certes pas encore là, mais le prince charmant auquel j'avais tant voulu croire vient tout de même de prendre un sérieux coup dans l'abat-jour.

Je sais que la quête d'un successeur requiert une disponibilité qu'entravent obstinément le repassage, le remplissage du congélo, l'intendance assidue de ma petite famille. Mais je viens d'acquérir le bonus de pouvoir, sans tricher, afficher devant mes deux petits cœurs un bonheur immédiat. Celui d'une mère enfin épanouie, un rien de légèreté au fond de la rétine.

Quel soulagement, d'ailleurs, de constater au fil des semaines suivantes que ma paix intérieure prive Philippe de munitions pour m'écraser.

Au début, il me balance des regards d'une froideur à vexer les icebergs. Mais plus je le toise avec assurance, plus il a du mal à ne pas baisser les yeux. Mon apaisement le désarçonne.

Assez classiquement, après le chapitre « homme célibataire toujours dispo » je suis passée à « homme divorçant, traumatisé, recherche femme divorcée, traumatisée aussi ».

Il s'appelle Luc, se dit en instance d'officialisation de rupture depuis déjà six ans, mais ne se ferait pas trop prier pour fêter quand même ses vingt ans de mariage. Seulement voilà, son épouse a évolué plus vite que lui et n'a plus l'intention de renier ses envies d'autre chose. Ils ont ensemble trois enfants plus grands que les miens, et j'éprouve malgré moi un zeste d'admiration pour cette femme résolue à changer de vie sans que quelque autre nouvel amour l'aveugle ou l'y incite.

Fascinant, ce premier constat qu'on peut établir lorsque, particulièrement concerné(e) par le thème du divorce, on regarde un peu autour de soi. Si l'on dénombre en effet aisément les hommes et les femmes qui se séparent pour quelqu'un d'autre, on trouve fréquemment des filles qui rompent sans pour autant avoir d'amants en exercice ou même en vue… mais cela n'arrive jamais aux mecs !

Luc passe donc une bonne partie de sa vie chez les avocats, et la quasi-totalité de son salaire à les régler. Il veut casser la tête à la planète entière – sa femme et mon ex « trop méchant » en tête sur les tablettes – et ne m'incite guère au pacifisme.

Pourtant, bien qu'épisodique, sa présence à la maison me rassure et tempère l'anxiété des enfants. Léa reprend confiance en la condition féminine. Jérémy découvre les joies du chahut de chambrée et du foot dans les jardins.

Moi, je réapprends à pactiser avec les hommes, même si je découvre en même temps l'aspect définitivement contraignant d'une société, il faut bien l'avouer, entièrement conditionnée par leurs diktats...

Autant, en effet, on admet le laisser-aller chez la femme installée, toujours mariée, même si son cocufiage s'avère notoire, autant la divorcée n'a droit à aucun seuil de tolérance.

« Tu as vu à quoi tu ressembles ? Comment veux-tu trouver un mec ? »... Voilà la phrase leitmotiv qui vous pourrit la vie et surcharge votre agenda, déjà overdosé, de rendez-vous chez le coiffeur, la manucure, l'esthéticienne... quand on a la chance de pouvoir éviter la diététicienne et les chirurgiens esthétiques !

Je me souviens d'horripilantes vacances en club, seule avec les enfants, au cours desquelles je ne trouve rien de mieux que de m'exaspérer à la vue de ces dondons mal fagotées, négligées ou ventripotentes, délurées ou insignifiantes... mais accompagnées !

Ma vengeance ne va plus tarder. Je l'entame par les week-ends. Avec Philippe, de ce côté-là, je n'ai guère été gâtée.

La longueur de ses études activant notre sens atavique de l'épargne, nous ne pouvions consacrer de budget aux escapades.

Alors, dès que se profilent des chevaliers servants qui me plaisent, adeptes de voyages dans des hôtels luxueux et romantiques, je ne peux bouder leur générosité. J'expérimente à leur bras une forme d'égoïsme qui, si l'on ne tombe amoureuse que de l'illusion qu'ils entretiennent, aide à se reconstruire durablement. À devenir à la fois sélective et lucide.

Il faut, par exemple, ne jamais confondre un divorcé avec un futur divorcé qui cache, lui, presque toujours un « indivorçable ».

Vous avez dérouillé en femme abandonnée, d'accord, mais, en tant que parfaite maîtresse qui ne peut espérer davantage, vous aborderiez les rives de l'enfer.

Il faut aussi se méfier des traqueurs de « quadras, divorcées, deux enfants »…

Généralement, ils cherchent exclusivement celles qui ne leur demanderont ni bague au doigt, ni progéniture. Ils les savent échaudées côté conjugalité, loties et souvent débordées côté marmaille. Passe encore pour cet aspect des choses, mais certains misent aussi sur votre pension alimentaire pour se garantir d'une « parité » financière qui les arrange !

De toute façon, il faut rester consciente que les enfants, si essentiels soient-ils à la survie comme à la vie, demeurent un handicap majeur, même pour celles qui imaginent avec optimisme qu'il suffit de tourner la page d'un mauvais roman pour attaquer un livre exaltant.

Quel nouveau héros pourrait en effet émerger réellement des lignes d'une intrigue dont il ignorait tout avant d'y avoir atterri ?

Pas évident, en outre, d'élever les enfants d'un autre, même s'ils sont ceux de son nouvel amour.

L'époque et sa « branchitude » mercantile ont beau chercher à promouvoir le miracle des familles recomposées, il faut, pour les femmes qui en sont les phares et en écrivent les codes, beaucoup d'abnégation ou d'égoïsme. En tout cas, au minimum, un plus maigre passé que le mien.

Chapitre 16
Sacré CV !

Les opinions toutes faites sur les mamans divorcées, on ne les entend pas seulement chez les dragueurs. Côté employeurs, les clichés pullulent aussi. Face à ce genre de candidates, les regards des recruteurs brillent rarement du feu de la compassion.

« Comment vous organisez-vous ? » Voilà la question piège et récurrente du plus modeste de leurs castings, dès qu'on a décliné sa situation maritale !

Malheureusement, la cacher relève de la supercherie autant que du provisoire. Et l'esquisser ne mène pas à grand-chose. Bilan : même fort polie et prononcée avec le maximum d'assurance, toute formule du genre « Très bien, je vous remercie ! » n'aboutit qu'à la vaine attente d'un rappel téléphonique.

Pourtant, bien souvent, les affres du divorce s'accompagnent de la quête d'un emploi. Et pas seulement à cause du fameux syndrome de la loi des séries.

Démissionnaire parce que les appointements ne suffisent plus pour faire face à la situation nouvelle, ou parce que le besoin de changer d'air est devenu vital… licenciée parce que la déprime occasionne fautes et carences ou parce que sa légendaire disponibilité s'est effritée pour cause d'impératifs supplémentaires (gardes, nounous, école, etc.), la divorcée se doit d'envisager le chômage parmi les dommages… collatéraux.

Il lui faut donc se préparer à ces questionnaires dits préventifs qui ne lésinent ni sur l'investigation ni sur l'indiscrétion.

« Ils ont quel âge vos enfants ? » « Tombent-ils souvent malades ? » « À la maison, il y a quelqu'un à vos côtés ? » « Et vous, vous êtes retombée amoureuse ? »

Là de deux choses l'une. Soit c'est un homme qui vous interroge et feint d'attendre vos réponses avec objectivité car il est déjà convaincu que « ce n'est pas jouable » lui-même, dans ces conditions, sachant parfaitement qu'il n'y arriverait pas. Soit c'est une femme, maman sans doute aussi, et elle vous juge en fonction de sa propre expérience… mieux placée que quiconque pour affirmer que vous n'allez pas pouvoir vous en sortir !

Autre bilan : les choix s'amenuisent, le moral vacille un peu plus, la fragilisation devient mauvaise conseillère et, au premier qui fait fi de votre statut particulier, vous vous livrez corps et âme.

Est-il un malin avisé qui va profiter de votre désarroi pour vous exploiter ? Un champion de l'amalgame prévoyant que sa compréhension de la vie lui vaudra de bénéficier autant de l'âme que du corps ? Un frondeur sans rigueur qui passe outre les grands principes libéraux et veut vous inculquer la valeur de l'affect au boulot quand vous n'avez appris que celle de l'efficacité ? On ne se pose même pas la question. On fonce. On signe. On va dans le mur !

« Jamais de précipitation ! » Voilà le précepte qu'il faudrait absolument pouvoir inculquer aux candidates, même si son corollaire peut s'appeler Assedic, un nom qui, dans pas mal de cas, rime avec panique et, chez pas mal de gens, génère une sorte de honte.

Pour s'en dédouaner, il suffit de reprendre ses anciens bulletins de salaire dans ses tiroirs et de se souvenir des frustrations qui vous ont assailli lorsque vous avez constaté la marge différentielle entre les chiffres bruts et les « net à payer ».

L'argent qu'on va vous verser, c'est le vôtre. Le fruit de la tirelire que vous avez remplie ! Qu'il vous offre le temps de la consolidation, puis du bon choix, c'est la garantie de votre avenir et donc de celui de vos prochaines cotisations !

Et puis, dans l'intervalle, vous ne laisserez pas toute la place à la nouvelle belle-mère de vos angelots qui s'évertue, assez naturellement d'ailleurs, à les séduire à grands renforts de disponibilité, ponctuée de pétrissage de pâte à pain, de séances dessin et de contes éculés tandis que papa coq en profite pour aller jouer au foot avec ses potes !

Chapitre 17
Les mille et un petits bonheurs

Ce matin, quatre ans tout juste depuis que Philippe est parti, il y a du soleil dans la maison. J'ai fait repeindre les chambres des enfants et ils y jouent sans cris après un délicieux câlin collectif. J'ai installé dans ma chambre un dessus-de-lit et des rideaux pourpres dont les reflets colorent joyeusement ma lecture de *Courrier international*. Je m'offre, avec un sourire que la nostalgie n'entrave pas, une séance diaporama de souvenirs pourtant douloureux.

Philippe se remarie dans quelques jours.

Les *flashes back* se bousculent au portillon.

Le premier me ramène trois ans en arrière. Des phrases de Léa, des mots de Jérémy, agrippés à mes souvenirs comme des hameçons. « Papa nous l'a dit que tu ne voulais pas de bébé… tu es une méchante maman »… et on crie, on pleure, on jette et casse tous ses jouets… « C'est pas toi qui commandes, c'est papa ! »… et on trépigne, on harcèle, on tape !

Malgré leur taille de nains de jardin, leurs frimousses angéliques et leur si jeune âge, mes enfants sont devenus des tortionnaires.

Femme trompée, quittée et mère martyrisée par ses deux petits bouts... chaque nuit sans sommeil, réveillée plusieurs fois par chacun d'entre eux, je me dis que je ne m'en sortirai pas. J'étouffe des milliers de pourquoi dans mon oreiller. Un million de fois je refais le parcours dans ma tête, en quête de mes fautes.

Le second *flash back* m'entraîne vers un amont bien plus lointain. Philippe n'a que dix-sept ans, mais il le décide, je serai la mère de ses enfants. On ne couche pas ensemble mais on s'aime. La femme de sa vie, il le jure. L'homme de ma vie, j'en suis sûre.

Pourtant, après un an de petites fleurs, c'est un autre qui me déflore. Italien, hâbleur, avec une sono de voyou de banlieue dans sa voiture et des conquêtes qui se jalousent, Geraldo sait y faire avec les femmes. Il m'apprend l'amour tandis que Philippe s'en va en fac de médecine à l'autre bout de la France. Est-ce cette trahison, de plus d'un an, qu'il m'a fallu payer ? J'avais pourtant déjà réglé la note quand mon Transalpin avait exercé son art amoureux sous d'autres draps que les miens, obligeant ma fierté post-adolescente à le répudier malgré ses suppliques.

Philippe, lui, attendait son heure. Son retour s'est donc imposé comme une évidence, et notre avenir a pu mijoter sereinement malgré les kilomètres qui s'accumulaient sur nos cartes SNCF et nos compteurs automobiles.

Nos fiançailles, rites insolites pour nos amis, s'inscrivent alors joyeusement dans nos traditions familiales, assorties d'un joli tout petit diamant, qui me touche plus qu'une grosse moche émeraude, et d'un bouquet de roses d'un rouge ardent que je n'oublierai jamais. Le mariage suivra tout naturellement quelques années plus tard. Juste à la fin de ses études.

Pour l'événement, je réduis le budget sur ma robe, mais lui, il a le costume de ses rêves. J'ai tout organisé, tout orchestré pour que tout se passe au mieux.

En contrepartie, il a cessé de se ronger les ongles. Je lui avais toujours dit que je ne l'épouserais que le jour où il aurait les ongles longs !

Je me rends à l'église sur une charrue tirée par deux vaches limousines ! J'ai un peu l'air d'une Marie-Antoinette qui part à l'échafaud, mais je suis heureuse ou, du moins, je le crois. Je me souviens tout de même que, la veille du jour J, j'ai rencontré un Norvégien superbe qui m'a fait la cour en semant quelques doutes dans ma tête. D'ailleurs, lorsque le curé a lu son prêche un peu rétrograde, j'ai légèrement tiqué sur la partie qui concernait la fidélité et conclu que ce n'était pas vraiment important puisque tous les autres préceptes semblaient de bon sens.

Pour « la nuit de noces », j'ai eu une idée surprise peu banale : faire ériger une tente au milieu des champs. Au moment d'y conduire Philippe, je lui ai bandé les yeux.

Mais il tombait des cordes et la séance de camping érotique a été… brève. « Mariage pluvieux, mariage heureux », dit-on !

Aujourd'hui, c'est donc son remariage qui occupe forcément un peu mon esprit et, surtout, ceux des enfants. Un épisode évidemment complexe mais avec des côtés très positifs puisqu'il incite Philippe, contraint de modifier mes prévisions de calendrier, à plus de courtoisie et me libère d'une sorte d'espérance qui reste en moi inconsciente mais insidieuse.

Un épisode majeur dans la course à la reconquête du bonheur.

Ce remariage, je vais le vivre avec un peu de rage et pas mal de tristesse, mais je sais que ma sérénité lui doit en partie ses progrès.

Une amie avait deviné la décision de Philippe avant que je ne l'apprenne. Son intuition m'avait paru judicieuse sans pour autant que mon esprit s'attarde sur le problème.

Et puis ma fille m'annonce un jour que son père les a emmenés, elle et son frère, chez un bijoutier, pour y choisir ses alliances.

Je me souviens des conseils de sa psy, aussi je réussis à dissimuler la colère et l'indignation qui montent en moi. Je reste apparemment neutre pour que l'annonce faite par Léa relève du non-événement.

Au fond de moi la tristesse domine. Un chapitre de ma vie s'achève. C'est l'une des conditions pour que l'écriture du livre puisse se poursuivre. Mais il faut un peu de temps pour le comprendre.

Les samedis matin, sur les parvis des églises ou sur les marches des mairies – pourquoi y a-t-il toujours des marches devant les hôtels de ville ? pour tomber de plus haut ? – les mariés m'agacent ou me dérangent. En tout cas, ils me perturbent.

Moi qui rêve encore d'organiser en grande pompe les noces de ma sœur, que son compagnon vient de demander en mariage après vingt ans d'union tandis qu'elle se bat contre une saleté de cancer. Moi qui dévisage tous ces fiancés endimanchés en me disant qu'après tout ils auront peut-être plus de chance que nous. Mais je n'arrive plus vraiment à y croire.

L'amour, avant, c'était, dans un vaste champ fleuri, un fier alezan. Le jour des noces, j'avais cru ériger de rassurantes barrières que mon bel étalon n'aurait jamais envie de franchir.

Le petit cocon dans la prairie. L'enclos sécurisé.

Et puis il a sauté.

Sa nana… la haie… et du coq à l'âne.

Et puis, il a tout fait sauter.

Moi qui me targuais d'entretenir mon couple mieux qu'une fourmi sa reine. Moi qui choyais, cajolais, inventais.

Il n'a même pas pris le temps de me désaimer. Pas une parcelle de vaisselle cassée. Pas un projet renié.

Il en a juste aimé une autre.

Après que je l'ai ferré, scellé, lustré, brossé dans le sens du poil.

Alors, son remariage, j'ai forcément un peu de mal à le digérer. J'ai même, un instant, eu l'idée de saboter sa fête. J'avais, dans le cadre du boulot, fait connaissance d'un mec de banlieue qui n'avait pas peur de grand-chose et qui, pour y avoir fait des séjours, connaissait par cœur la prison jouxtant la mairie où Philippe devait convoler. Un jour, je l'ai « branché » en rigolant pour imaginer comment il pourrait intervenir pour gâcher la cérémonie. Je rêvais d'un désordre, d'un contretemps, d'une mini-émeute... Heureusement, j'ai très vite oublié cette idée folle.

Pourtant l'après-mariage va se révéler plus pénible encore que l'après-révélation de son infidélité. Non seulement, il a tendance à devenir odieux mais, en plus, les scènes de cauchemar se déclinent non plus à deux mais à trois. Ce n'est plus lui et moi. C'est lui, sa femme et moi !

J'en nourris un peu de dépit mais surtout une colère mâtinée d'un rien d'ironie qui m'aide tout compte fait à façonner mon indépendance.

La place est en effet définitivement libre pour s'adonner aux mille et un petits bonheurs qu'autorise une situation enfin claire.

Il y a longtemps maintenant qu'il a quitté notre famille. Mais, cette fois, il en a officiellement constitué une nouvelle. Mes enfants s'y sentent peut-être bien, et tant mieux. Mais, tous les trois, nous savons qu'il est vraiment l'heure d'être heureux au sein de la nôtre et nous nous y consacrons désormais totalement. Nous parlons, nous jouons, nous chantons, nous rions... bref, nous nous aimons pleinement.

Chaque jour ou presque, nous découvrons un petit procédé nouveau pour profiter de notre clan à trois, fier de son autonomie. Le soir on se glisse dans le lit de Léa pour lire une histoire, le lendemain, c'est dans celui de Jérémy. Souvent lorsque la lumière est éteinte, on joue à inventer des histoires dans le noir. C'est moi qui commence : « Il était une fois un prince charmant...

– Avec un cheval blanc et une grande épée de cavalier... poursuit Jérémy.

– En se rendant dans son château fort, il rencontra une princesse aux cheveux d'or et aux robes roses ou argentées qui avait un petit chien... » complète Léa.

Dans ma vie professionnelle, j'ai la chance de rencontrer un homme qui devient d'abord un ami et un confident-conseiller avant de passer au statut de patron-compagnon. Ses méthodes de travail ne correspondent pas aux miennes, mais ses qualités professionnelles et humaines me changent de la cupidité et de la médiocrité du boss du magazine dans lequel je viens de passer une année. Et puis je peux gérer mes horaires et prendre un mercredi sur deux pour mes enfants. Cela facilite autant leur reconstruction psychologique que la mienne.

Le boulot est dur parce que Olivier préfère butiner que buriner et me harcèle de considérations intelligentes – alors que j'aurais besoin d'exigences intolérantes. Mais son humanité et sa confiance rechargent mes batteries.

Comme à la maison, j'apprends à jouir de l'instant, à me réjouir d'un projet ambitieux ou d'une interview réussie, d'un reportage au soleil ou d'une tartelette aux framboises à l'heure du goûter.

Je souffre certes de le voir se démener dans un univers en déliquescence où son talent ne suffit plus à sa fortune. Je m'inquiète pour mon avenir quand ses créanciers assaillent le standard d'assaut. Mais je grandis.

Et puis il y a ma vie sentimentale. Compliquée. Incertaine. Partagée entre un homme qui me plaît mais dont je ne suis pas la priorité et un autre à qui je plais mais dont je ne veux pas être la priorité.

Tom, grand brun élancé avec des idées noires, m'apaise, parce que nous mangeons pareil, courons pareil, préférons l'effort à la fête, l'eau des montagnes et la brume de l'aube à la fumée et à l'alcool. Olivier, petit brun rondelet avec des idées roses, m'angoisse, parce que tout nous sépare parce qu'il arrive trop tard, parce que, avec lui, même mon plaisir n'est pas souvent en harmonie avec mes désirs.

Tom et Olivier. Des points communs quand même. Leurs promesses non tenues. Leurs deux cœurs encombrés d'histoires jamais finies. Deux hommes sexuellement volatiles et pédagogues chroniques, qui s'entrecroisent dans mes humeurs et s'entrechoquent comme deux béquilles. Je ne suis pas programmée pour cette dualité mais je ne peux nier qu'elle m'offre des avantages, même si la fatigue et les drames qu'elle engendre ajoutent aux incertitudes que le destin m'impose.

Tom ne fait pas l'unanimité mais cela ne me déplaît pas forcément. Olivier, tout le monde l'adore ou l'a adoré, mes enfants les premiers. Mais cela ne me plaît pas forcément !

Chapitre 18
Et puis la vie redevient belle

Un jour, enfin, on pose ses quarante ans passés dans le canapé. Il est minuit, la maison dort, la paix est établie dans la famille.

Sous la table du salon, le tapis aux poils écrus, tressés, hirsutes, attire mon regard. Je l'ai choisi sans lui, et il n'abrite plus seulement de la poussière. En-dessous, il y a tous mes frissons enfouis, toutes ces facettes de moi que, pendant tant d'années, j'ai laissées à l'abandon.

La liberté me fait de l'œil.

J'en distingue enfin clairement les avantages multiples.

Avant, en week-end, pour faire rimer « harmonie » avec « lui », je n'aurais jamais osé programmer mon réveil à l'aube. De peur qu'il ne se lève pas. C'est pourtant somptueux une ascension du Mont-Blanc aux premières lueurs.

Avant, je me serais privée de papoter des heures au téléphone avec ma sœur, ma mère ou bien mon père.

Je culpabilisais de les imposer à Dieu le père de mes enfants. « Nos » enfants. Même eux, avant, je n'osais les garder contre moi, dans mon lit, jusqu'à pas d'heure. Dans les langueurs de leur sommeil.

Il fallait toujours tenir compte de... faire attention à... imaginer que... !

Petite, pourtant, sans doute égoïste mais tellement spontanée, je ne m'étais pas préparée à cela. Je ne jouais jamais à la poupée en m'inventant des maris qui feraient la loi !

Je découvre enfin que, une fois franchi le pas d'assassiner les clichés, de contourner le qu'en-dira-t-on, on peut jouir d'élever ses enfants à sa guise.

Les habiller en noir, si on trouve ça joli, sans demander à qui que ce soit si cela lui rappelle quelque mauvais souvenir.

Aller avec eux visiter un musée même s'il y a, à la télé, le match de foot de l'année.

Se vautrer tous les trois dans la baignoire du dimanche soir, d'abord pour chahuter, ensuite pour s'apaiser. Se redécouvrir ainsi, dans des douceurs quasi amniotiques, avec cette excitation des retrouvailles qui transforme les habitudes en rituels festifs.

Nous, maintenant, le dimanche, quand ils reviennent de chez leur père, c'est « crêpes partie » si j'ai eu le temps de préparer la pâte, ou tartines chocolat chaud avec enlacements marsupilamiens et bisous fous sur les coussins, devant les dessins animés. Maintenant, j'adore les dimanches !

Comme j'adore ces soirées entre copines qui peuvent se prolonger sans que j'aie, au retour, à craindre la « tronche » de celui qui feint de m'avoir attendue !

Comme j'apprécie de pouvoir choisir ce que je veux quand je le veux. Ce que je vois comme je le vois... Sans rien devoir à personne !

Comme tout le monde, bien sûr, je me suis d'abord sentie atteinte par la fatalité. Par l'angoisse conjuguée de l'horloge biologique et des catégories qu'établissent les autres pour vous.

Quatre décennies, deux enfants, quittée pour une autre femme... Facile de se dire « Je suis vieille, je suis moche, je suis triste et ma vie est fichue ! »

Mais il y a une autre option : celle de se murmurer, puis de se crier, que c'est sa propre vie qu'on tient entre ses mains et que c'est une nouvelle vie que l'on peut dessiner. Une nouvelle chance, même.

Qu'il vaut mieux que cela me soit arrivé à quarante ans qu'à soixante.

Que je suis au volant de ma pleine maturité.

Que je sais ce que je veux et ce que je ne veux plus.

Que j'ai déjà fait mes enfants et peux donc échapper à la quête angoissée de cet essentiel.

Cette autre option, c'est celle du renouveau. L'option reconstruction. L'option résurrection. Sans l'obsession de la date de péremption !

Oh, je ne me fais pas l'apôtre de la famille monoparentale. Je sais que, dans une vie à quatre, il y aurait eu d'autres joies, d'autres rituels. Je sais que, à trois, il va encore y avoir d'autres ratages, d'autres dérapages, d'autres orages. Mais plus le temps passe et moins ils sont préjudiciables.

Je commence même à en rire pour de bon.

Quand, par exemple, je vois ma tête, dans le miroir, figée par les rictus de la colère. Quand, au contraire, les vilenies de mon ex ne me font plus ni chaud ni froid.

Je sais que, sans les épreuves qu'il m'a infligées, je n'aurais jamais construit avec mes enfants une relation aussi forte et profonde. Aussi rieuse et volontaire. Aussi éperdument en quête de bonheur.

Je ne peux évidemment pas nier que, au détour d'un samedi ou d'un morceau de vacances, s'installe encore parfois un nuage éphémère, une voix de Gepetto qui me demande pourquoi « il » n'est pas là.

Bien sûr que l'absence du partage, au plein cœur de l'intense, érode le merveilleux.

Mais ce fut surtout vrai pour « leurs » premières fois. Quand ils ont su nager. Quand ils ont su skier. Les premières fois où leurs vélos ont avancé sans tituber. La première fois où, en montagne, ils ont fait de l'escalade en cordée.

Ce fut surtout vrai quand ils se sont extasiés, quand ils lui ont ressemblé !

J'ose espérer qu'il a vraiment trouvé le bonheur car, sinon, quel con de s'être privé de cela. De les avoir privés de lui. Quel con, mais plus ça va et plus ma haine s'estompe.

Il y a en moi une force neuve. Un sentiment prioritaire qui me galvanise et m'irradie.

Oui, c'est ça, je me sens forte. Forte grâce à eux… Forte pour eux !

Chapitre 19
Nouvelles amours ? Pas pour toujours !

Que je n'accède pas au plaisir quand il me faisait l'amour n'a jamais préoccupé Philippe. Pas plus que mes éventuels fantasmes. Jamais, en quinze ans d'intimité réelle, nous n'avons abordé le sujet. Jamais, d'ailleurs, nous n'avons parlé de sexe. Je n'en souffrais pas, ni ne m'en offusquais. J'étouffais sans doute sous cette discrétion d'oreiller ma culpabilité de ne pas lui avoir offert ma virginité et, surtout, de lui avoir raconté dans le menu détail ma torride et initiatique liaison avec Geraldo.

J'avais déversé tout le paquet un soir avec autant d'aplomb que de naïveté. Bêtement. Comme pour me dédouaner. Sans aucun esprit pervers ni espoir d'exorcisme érotique. Geraldo, non plus, ne m'avait pas fait découvrir le nirvana. Je m'étais adaptée à ses fantaisies multiples et variées sans pour autant les adopter. Trop jeune pour m'en délecter. Trop prude pour m'y abandonner.

Même si le port de sous-vêtements affriolants et de bas résilles ne manquait pas de sel – je soupais certes en petite tenue et talons aiguilles selon ses désirs toujours épicés –, mais, une fois son plaisir consommé et mon audace digérée, je rentrais chez moi emmitouflée jusqu'au cou pour aller m'endormir dans les bras de mes nounours !

N'empêche. J'ai toujours eu le sentiment que, après ces confidences, Philippe m'avait rangée dans la catégorie dévergondée pour me donner des leçons ou m'en demander sur nos devoirs conjugaux.

Quand je l'interrogeais sur ses propres fantasmes il affirmait ne pas en avoir.

Mes Dim up semblaient le satisfaire autant que des porte-jarretelles. Mon statut potentiel, puis réel et assumé, de mère de ses enfants me protégeait de toute effronterie de sa part. Et, lorsque, après un câlin, je me sentais un peu seule, ma frustration, à en croire l'émergence rapide de ses ronflements, ne le traumatisait guère !

Au fond, je m'étais toujours contentée de ce qu'il avait voulu me donner. Pendant ses études, notre septième ciel hebdomadaire, obstrué par le manque, les distances et l'épuisement, se contentait de ténacité et de promesses pour s'éclaircir. Plus tard, lors de nos années de vie commune, l'intensité de nos ambitions professionnelles étancha notre soif de frissons et ma première grossesse combla ensuite les creux de mon ventre.

Or, pendant la seconde, la rareté de nos rapports dut m'alarmer puisque mon meilleur ami m'affirme que je lui ai dit un jour : « Il faut que je reprenne mon couple en mains. » Mais comment prévenir un tsunami si la lame de fond qui le déclenche ne provoque pas la moindre vague apparente ? Et pourquoi s'inquiéter de la ligne d'horizon parce que la mer est étale, dès lors qu'on n'a jamais connu l'existence des grandes marées ?

Curieusement, les seules fois où Philippe se prit pour Neptune en me troussant comme un cyclone, se révélèrent les dernières. Culbutée dans le foin, hussardée dans une voiture, violée à demi contre ma porte d'entrée, je pris ses ardeurs pour un solde d'amour, alors que c'est un compte à découvert qui le poussait à se prouver son « désamour ».

Après son départ deux signaux d'urgence ont aussitôt clignoté de façon obsédante, aveuglante : me reconstituer et le remplacer.

Il me fallait tout de suite, sinon un amant ou un nouveau mari, du moins une sorte de père palliatif pour que mes enfants ne souffrent pas trop de son absence. Je ne supportais pas leur tristesse dont j'extrapole encore sans cesse les contours et les conséquences futures.

De leur côté, du facteur au collègue de travail le plus insignifiant, du voisin de palier à l'homme de ménage, ils sollicitaient tout individu de sexe masculin en lui proposant de briser ma solitude : « Monsieur, tu ne veux pas épouser ma maman ? »

Pour eux comme pour moi, j'ai défini le profil du sauveur. Un mec plutôt grand qui ne fumera pas, ne boira pas, ne rotera ni ne pétera, qui fera du sport et s'habillera élégamment ! Une sorte de mec en kit que nous assemblerons tous ensemble, et dont la perfection fera blêmir Philippe de jalousie et de dépit.

Je voulais toutefois protéger mes anges de toute intrusion inutile. Pas question dès lors de faire monter un prétendant à la maison ! En fait, j'omettais stupidement le temps nécessaire à ma cicatrisation, car je me sentais absolument incapable de retomber tout de suite amoureuse de qui que ce soit.

Il y a donc d'abord l'échec total avec le beau Norvégien croisé la veille de mon mariage et rageusement convoqué au lendemain de mon divorce. Puis l'aventure sans lendemain avec l'homme aux capotes !

C'est en fait une phrase venue d'ailleurs qui décide de ma première liaison durable, de ma première séance de purgatoire.

« Moi, mon rêve, c'est de regarder mon match de foot à la télé avec un plateau-repas sur les genoux et ma nana dans mes bras » me déclare, un jour, l'œil songeur et le sourire rêveur, Luc, l'un des commerciaux de l'agence dont je viens de prendre les commandes et dont je tente de repérer les forces vives.

Coucher au boulot, jamais... pas question. Regarder un match de foot, non plus. Quant au plateau télé servi façon geisha à un buveur de bière vautré... j'imagine mal !

Pourtant, les trois hypothèses réunies font déclic.

Il se dégage quelque chose de douillet, d'étrangement sécurisant, dans le rêve sécuritaire de ce garçon, que je trouve formulé avec moins de machisme affligeant que de candeur attendrissante.

Et puis le gaillard est plutôt pas mal foutu et, tant qu'à se battre contre l'impossible, tant qu'à être aux aguets de l'imprévu, autant le faire en s'adonnant à l'improbable !

Luc a trois qualités majeures.

Doté d'un sérieux tempérament, il réveille mes ardeurs, certes sans génie ni altruisme particuliers, mais avec récurrence et tonicité – ouf, merci !

Attentionné, il me donne le sentiment d'être à nouveau quelqu'un de bien – merci encore.

Chahuteur et boute-en-train façon éternel collégien, il fait surtout la joie de mon fils, qu'il intronise compagnon de jeux, et amuse parallèlement ma fille, heureuse de constater que sa mère ne campera pas à vie sur le terrain des bannies, placée à l'isolement pour inaptitude au bonheur des hommes !

Lui-même père de famille mais mari totalement infidèle, en plein désarroi furieux parce que son épouse lui rend enfin la monnaie de sa pièce, il m'apporte une vraie distraction, premier sas essentiel où l'on se désintoxique de l'idée du désespoir.

Malheureusement, outre que son caractère brut de décoffrage, en harmonie avec une impulsivité un poil caricaturale, m'encourage plutôt à me libérer de tous mes carcans et à accepter sans honte d'être une femme « célibataire », beaucoup de choses ne me conviennent pas chez lui.

Devoir, par exemple, me planquer comme une voleuse aux yeux de ses enfants accentue mon impression de claudiquer dans ma propre histoire.

Ensuite, ses spontanéités ravageuses de protecteur musclé – il veut, je l'ai déjà dit, « éclater la tête » de Philippe, mais aussi celle de mes boss auprès de qui je ne fais plus l'affaire – ne simplifient pas, loin s'en faut, ma reconquête de sérénité.

Enfin, loin d'aviver mon intérêt pour la découverte de sa planète, nos différences épicuriennes et culturelles me perturbent fortement.

Depuis pas mal de temps, je me suis mise à courir sérieusement et je trouve dans l'exercice un refuge comme une source d'équilibre. Avide, sinon d'exploits, du moins de dépassement de soi, je viens de reprendre contact avec le coach personnel qui m'a remise en forme après chaque grossesse.

Et c'est lui qui va remettre mon cœur en marche, un an après ma séparation.

Tom galère douloureusement sur le plan conjugal. Sa femme a un amant ! Leurs trois filles et leurs intérêts financiers communs l'incitent à accepter ce « supplice », concept masochiste pour lequel il avoue d'ailleurs un penchant naturel !

Kiné haut de gamme, spécialisé dans l'accompagnement personnel, il m'impressionne par sa culture et sa rigueur. Nous devenons amis sans même nous en apercevoir et finissons par nous donner rendez-vous en dehors de son cabinet. En découvrant son histoire, je découvre aussi que son abstinence sexuelle lui confère une aura de pureté. Je suis charmée.

Il circule à vélo, déteste l'alcool et le tabac, ne perd pas de temps à table où ses goûts pour une nourriture diététique expliquent, autant que sa salle de sports, une ligne irréprochable. Il est grand, rassurant, parle peu mais bien, s'habille avec harmonie… tout cela le rapproche beaucoup du fameux portrait idéal préétabli ! Je suis chaque jour un peu plus séduite par tout ce qu'il révèle de lui-même, par tout ce qu'il représente. Sa présence à mes côtés me flatte et me rassure.

Moi qui croyais que je n'aimais pas être massée, je découvre sous ses mains des frissons inédits. Le plaisir de soi à travers l'autre ! Nous devenons amants sans l'avoir prévu, sans l'avoir recherché. Comme la chair de poule qui apparaît sur la peau, nous signalant un trouble soudain. Ce géant se laisse déshabiller comme un enfant, et je craque.

Même dans l'effort, quand nous crapahutons ensemble sur les sentiers – la montagne, une de nos passions communes –, il m'arrive de méditer sur de nouvelles interrogations qui me changent bien la tête. Pourquoi toujours vouloir ainsi aller plus haut, plus vite, plus loin ? Suis-je capable d'y arriver, poussée par Tom ?

Douceur peut-elle rimer avec douleur ? Jouissance avec souffrance ? De quoi, au fond, ai-je vraiment envie ?

En semaine, je me surprends à m'occuper de moi.

Coiffeuse, manucure... j'applique enfin les conseils onéreux de ma psy. Je me rends même pour la première fois faire la totale chez une esthéticienne. Je deviens plus égoïste, sans doute plus animale.

Mais, peu à peu, la réalité me rattrape. Ce mec ne m'aime pas assez, ne s'aime pas assez, pour que nos regards fusionnent vers la fameuse ligne d'horizon.

De délai en délai, de ruptures programmées en retrouvailles spontanées, mes espoirs s'essoufflent, mes illusions s'évaporent. Je regarde mes rêves comme des leurres en ferraille en haut d'un mât de cocagne.

C'est Olivier qui m'aide à gérer sans trop d'ecchymoses le va-et-vient douloureux de mes désillusions et de mes relents d'espoir. Il en paiera le prix fort. Je me blottis dans ses bras sans lui demander son avis. Charmeur chronique il n'est pas surpris. Rien, physiquement, ne m'attire pourtant chez lui. Mais je ne lui avouerai que bien trop tard.

Lui aussi traverse une période sentimentale pour le moins morose. Viscéralement attaché à une épouse à qui il ne fait plus l'amour depuis des années, il affronte depuis des mois le refus sexuel d'une maîtresse légitimement lassée par deux décennies de frustrations *Back Street*.

Entre Philippe qui piétine mon passé et Tom qui étrangle mon avenir, je m'invente un possible immédiat. Je me blottis dans les bras d'un second papa. J'esquive le désarroi en me racontant des histoires.

Olivier, c'est le câlineur, parfait pour bien les écouter. Le confident dont les commentaires me galvanisent. Il est de taille moyenne, de gabarit moyen, le visage, les mains rondes, tout est rond et rassurant chez lui. J'ai besoin de lui et je sens, avec un rien de fierté, que je peux lui redonner l'envie d'aimer.

Fierté parce qu'il me regarde comme si j'étais la plus belle et que, effectivement, dans le miroir de ses yeux, je ne me trouve pas si mal que ça. Un jour, il se met à genoux de profil devant moi et plaque sa joue contre mon ventre dans une sorte d'extase de plus de cinq minutes. Le lendemain, c'est sa main qui prend la même place, aussi religieusement, sans que ses doigts esquissent la moindre audace. J'en suis tellement troublée que je nourris un rien d'anxiété. « C'est bizarre – lui dis-je – c'est la mère ou la femme qui t'intéresse ? » Une autre fois, ce sont mes mains qu'il caresse longuement avec une minutie de laborantin. Il cajole mon index puis mon auriculaire comme s'il s'agissait de cristaux précieux. Je découvre son goût pour la finesse et la fragilité. C'est doux de se sentir fine quand on se croit brute de fonderie. Rassurant qu'être fragile puisse séduire alors qu'on s'imagine mutilée pour avoir perdu ses forces.

Fierté aussi parce que j'allume visiblement son désir de tous les pores de sa peau, de toutes mes ondulations, d'une inflexion de voix comme d'une mèche de cheveux qui batifole. Lui qui se bat depuis tant de mois et d'émois pour restaurer sa libido, dont cardiologue, urologue et diabétologue n'ont pu que constater le déclin, se met à revivre. Et moi, non sans jubilation, je me découvre des aptitudes de dépanneuse chronique.

Mais, plus il m'aide à évoluer et plus je découvre que j'ai changé, c'est fini, je n'ai pas forcément besoin d'aimer un homme.

Qu'Olivier m'aime un peu à sens unique par ces temps qui courent de plus en plus vite et esquissent déjà la préadolescence de mes enfants, eh bien oui, cela me suffit !

Mon amant idéal maintenant, c'est l'amant de l'instant. Celui de l'instantané. Celui qui m'encourage à écrire mon livre dans les spacieuses chambres de grands hôtels, le week-end, où ses mains et ses questions caressent en alternance mon corps et mon ego. Celui qui m'allume en braquant ses feux de Bengale sur mes zones d'ombre inexplorées. Celui qui éclaire ainsi les chemins d'une liberté aussi nouvelle qu'insoupçonnée.

Le sexe, pour moi, c'était la quête interdite du Graal. Je l'ai cru vital tant qu'il semblait à ma portée sans pour autant me satisfaire. Ensuite, l'obstination gagnante de Tom, puis d'Olivier, à me faire découvrir mon propre plaisir m'a d'abord dérangée, comme si c'était devenu inutile ou inconvenant. Puis cette obstination m'a profondément perturbée. Plein de femmes y reconnaîtront sans doute leur expérience. Cette difficulté à s'abandonner, comme une peur panique, avant que le plaisir s'impose comme une conquête. Une victoire sur moi-même, enfin rassasiée, enfin libérée.

Divorcée de Philippe, j'ai dû abandonner mes rêves, convenir qu'ils relevaient d'illusions. Je divorce maintenant d'une partie de moi-même, de cette dépendance à l'autre mais aussi au virtuel que j'ignorais de moi, ou trouvais légitime lorsqu'on m'en alertait.

J'ose à présent parler de mecs à mes copines. Je découvre tardivement combien c'est amusant, qu'elles ne sont pas choquées par ma légèreté toute neuve, que j'ai comme elles le droit au plaisir. Moi qui me pensais adulte et responsable depuis très longtemps, j'ai enfin l'impression de me réaliser.

Philippe fut si longtemps ma priorité. L'homme, en particulier, ne l'est plus désormais, les hommes, en général, le sont plus désormais ! Mais sans aucun caractère prioritaire.

Enfants, famille, métier, liberté... voilà d'abord mon essentiel !

Un premier avantage du divorce, c'est la possibilité qu'il vous offre de découvrir d'autres bonheurs que ceux dont les normes font leurs priorités. Un second, c'est de déceler en soi des priorités inavouées qui vous construisent des bonheurs inédits.

Très paradoxalement, par exemple, ceux de la famille. Moi, si anéantie que mon château de sable se soit apparemment effondré, je réalise que je dispose dorénavant de plages bien plus étendues pour y édifier tourelles et remparts.

Avec mes enfants, sans doute animée par la culpabilité et une vigilance accrue, jamais je ne m'étais avoué le besoin d'autant et, sans doute, d'aussi bien les aimer.

Comblant l'absence quotidienne du père, je fais le papa et la maman, je suis la tendresse et la loi, je fais du vélo et les crêpes. Finie la délégation un peu docile de l'autorité ou du ludique qui apportent à la relation avec eux une infinie richesse.

Et puis il y a les autres. Mes parents, mes tantes, mon parrain, ma marraine, ma sœur et son compagnon, mon frère et son épouse, mes neveux et ma nièce. En se ruant à mon secours avec la passion de l'espoir, ils ont magnifié, dynamisé, sacralisé ces relations familiales qui ressemblent trop souvent à des conventions ou à des habitudes.

On parle tout le temps des liens du sang, mais on les néglige presque toujours, sous la houlette du séculaire *pater familias* qui ne peut pourtant s'en prévaloir !

Ma famille, depuis le divorce, je la savoure, je m'en nourris, je l'ausculte et m'en délecte.

Idem pour mon travail.

Auparavant, je m'y adonnais avec ce rien de honte qu'éprouvent la plupart des femmes mariées et des mères de famille se demandant si leurs ambitions, leur disponibilité au labeur et le plaisir qu'elles y trouvent ne sont pas « contre nature ».

Dorénavant, ma frénésie dans de ce domaine, la fuite que je m'y permets, la reconnaissance que j'y guette, la sécurité que j'y quête de façon un peu obsessionnelle, je les assume pleinement, librement, parfois fièrement.

L'époux qui rentre chez lui un peu trop tard, épuisé, déprimé par un échec ou surexcité par une mission, on le cajole, on le plaint, on va jusqu'à l'admirer. L'épouse qui fait de même, on l'interpelle, on la critique, on va jusqu'à la répudier.

C'est bon de ne plus avoir à simuler d'intérêt pour la « vocation » de son mec. Délicieux de n'avoir de comptes à rendre à personne et de gérer soi-même ses contes et ses comptes.

Chapitre 20
Enfin de l'air !

J'ai toujours adoré farfouiller. En été, enfant, dans la maison de ma grand-mère, à Elliac-la-Zallonire, un hameau sans grande âme, toujours l'air entre deux neiges, entre deux saisons, malgré ses vaches et ses fleurettes, je dénichais déjà des morceaux de passé qui étoffaient mes rêves et mon sens inné de l'imaginaire.

Un jour, dans une lourde armoire aux portes grinçantes comme un générique de film d'épouvante, j'ai trouvé la robe de mariée de ma mère. Trophée tendre de sa jeunesse, clin d'œil désuet, elle semblait m'attendre. Suffisamment courte pour habiller mes sept ou huit ans sans les faire trébucher. Suffisamment simple pour que je m'en empare sans avoir le sentiment de commettre un sacrilège.

Maman ayant validé mon larcin en ne manifestant aucune émotion, je me suis déguisée cent fois avec cette relique immaculée, juste pour mon plaisir, pour mes chimères, comme on joue à la dînette sans rien connaître des règles culinaires. Peut-être calmais-je ainsi mes ardeurs chroniques de fillette atypique, chipie studieuse, hyperactive criarde et trépignante, qu'une douche tout habillée parvenait à peine à calmer. Il faut bien que je le reconnaisse aujourd'hui, j'étais une enfant coléreuse, doublée d'une affective, nerfs à fleur de peau, aussi animée qu'un dessin de Tex Avery.

Quelques années plus tard, promue avec ma sœur codemoiselle d'honneur aux noces d'une amie de ma tante éperdue d'amour pour un médecin néerlandais de vingt ans son aîné qui, convolant pour la deuxième fois, la privait de cérémonie religieuse, j'eus un véritable coup de foudre pour le bonheur de la mariée.

Mon destin marital était scellé !

J'eus beau tenter de le contrarier par une fin d'adolescence rebelle, prophétisant mon célibat comme une évidence, passant tout un été habillée en fluo comme la Lio de *Banana split*, à chanter à tue-tête *Il est libre, Max* d'Hervé Cristiani, ce destin me rattrapa aussitôt qu'un mari potentiel me déclara sa flamme.

Pour Philippe comme pour moi, le poids de nos éducations chrétiennes fit même rapidement pencher la balance du côté de l'impatience. Dès que l'on aurait des sous, dès que l'on pourrait vivre ensemble, il n'y aurait de véritable « alliance » entre nous qu'avec la bague au doigt !

Restait à fixer les modalités !

Ultime refuge de ma résistance à un classicisme tristounet, j'ai conservé longtemps un patron découpé dans le magazine *Maxi* d'une robe de couleur signée Christian Lacroix, super-courte avec un gros nœud sur les fesses. Ringards et dépassés le blanc et le romantisme nuptiaux… J'avais trouvé ma panoplie ! Mais on ne peut passer sans un infime frisson sous une échelle, ni croiser, la nuit, un chat noir sans la moindre once d'appréhension.

Le temps passant, face à l'imminence de l'événement, j'ai cessé de me voiler la face devant l'évidence. Mes desseins ont capitulé de bon gré sous la pression des schémas. Vivent les conventions ! J'ai évidemment fini par me marier en blanc !

Mariage ancrage, diront certains psys. Mariage dérapage, rétorqueront certains autres. Moi, malgré les blessures, je n'ai pas déserté le rivage des adeptes. Il m'est arrivé de regretter d'avoir épousé Philippe. Pas de m'être mariée.

Plutôt casanière, j'ai aimé retrouver chaque soir mon mari à la maison. Porter mon alliance aussi. Et décliner, en complément de mon identité, la douce formule « je suis la femme de » m'a toujours insufflé assurance et fierté.

Mon feu mariage, je ne l'ai ni enterré ni enseveli. J'ai seulement dû reconnaître le corps, puis faire le deuil de mes remords.

Divorce sans haine = bouffée d'oxygène ! L'expression veut désigner un phénomène salutaire. Elle dépasse souvent son sens… figuré.

Philippe, en effet, son côté carabin, qui pouvait inclure flatulences au lit et éructations à table, délivrait de fumeuses théories sur le danger de ne pas évacuer ses gaz ! Divorcée = enfin de l'air !

Après le départ de l'autre, on réalise les mille et une contraintes qui vous ont pourri la vie.

Se taper toutes les courses en n'oubliant surtout pas ses Yop, ses clopes et son grotesque cocktail de sachets diététiques et de tubes de lait concentré !

Organiser les petits soupers ou grands dîners pour ses collègues ou pour ses chefs en se prenant la tête pour concocter de l'original quand, pour moi, le « banal » relevait déjà du chemin de croix.

Aligner les « machines » à laver son linge sale en famille, où les stocks de chaussettes dépareillées alternent avec les piles de chemises et caleçons.

Tout gérer seule, à commencer par les déceptions du quotidien, quand on attend éternellement le plus banal des week-ends romantiques, pour se changer un peu des virées façon troisième mi-temps avec des potes fins comme des baobabs. Quand on espère en vain un petit mot d'amour glissé sous l'oreiller ou sous le guidon de sa moto. Juste une fois, deux trois verbes ou deux trois adjectifs, histoire de dire, histoire de se dire… au-delà des rituels de routine.

Après le départ de l'autre, on se dit « parce que c'était moi, parce que c'était lui ». On se souvient qu'il aurait volontiers roulé dans des voitures rouge pompier avec des ailerons surélevés et peut-être même une queue de tigre à l'arrière ! On cherche en vain dans sa mémoire cinématographique une diversion aux séances de Stallone et de Schwarzenegger. On se demande s'il a posé une fois sur sa table de nuit, avant de vous enlacer, un autre magazine que *L'Équipe* ou une note de service de l'hôpital.

On donne évidemment ainsi dans la caricature partiale mais cela aide à se murmurer que, avec autant de goûts communs, ce fut déjà un challenge hors du commun de se côtoyer si longtemps !

Mais on a tort d'ironiser. Le salut n'est pas là.

Même ceux qui demeureront les meilleurs amis du monde se posent quantité de questions quand leur amour ne leur donne plus de réponse.

Divorcée, cocue, trahie, quittée, abandonnée, spoliée mais enfin heureuse... il y a des tas de raisons d'y croire sans s'attarder sur les torts de l'autre.

Mieux vaut se féliciter de la métamorphose des siens ou de la résurrection de ses qualités enfouies. Petite, on me disait trop indépendante. Me voilà fière d'être autonome. Plus tard, on m'a estimée cachotière. Aujourd'hui, ma discrétion m'assure la paix. Souvent, on m'a jugée sans état d'âme. Désormais, beaucoup envient ma fermeté. Jamais depuis mon divorce, je ne me suis sentie aussi capable de ne compter que sur moi et, du coup, aussi proche des autres. Auprès de mes parents, je suis redevenue la petite fille choyée et attentive qu'ils protègent, soutiennent et considèrent avec autant de fierté que de compassion. Avec ma sœur et mes neveux, l'entente a fait place à l'osmose.

Avec Tom et Olivier, la vie ne se poursuit qu'à mon gré. Avec Philippe, ma vigilance ne rime plus avec souffrance.

Un divorce, c'est aussi cela. Des découvertes ou des retrouvailles de bien-être insoupçonné. Jamais, par exemple, je n'avais si délicieusement ressenti le pouvoir de pouvoir.

Pouvoir m'habiller comme je veux, au gré de l'humeur du jour, sans le regard de l'autre exerçant son droit à l'image, de censeur, de jaloux ou d'arbitre partial.

Pouvoir improviser en fin de journée une séance MacDo, un *tea time* copines, ou un sept à huit sans caméra.

Pouvoir s'épiler les mollets, toute nue devant PPDA, en se contentant pour dîner d'une carotte râpée, puis bouquiner au lit devant une télé enfin éteinte.

Pouvoir se dire sans l'impression de se mentir que si les drames avec Philippe, nos culpabilités hargneuses et ma détresse ont massacré la petite enfance de Léa et Jérémy, leur enfance au grand jour éblouira ma propre renaissance.

Viendra ensuite leur adolescence. Elle aussi, je l'ai redoutée au fil de mes nuits blanches. D'abord parce que j'étais persuadée que, ainsi que la loi l'autorise et que Philippe le prévoit en parlant aux enfants, il ferait tout pour me les reprendre dès qu'ils souffleraient leurs douze bougies. Ensuite parce que je ne pouvais m'imaginer gérant seule et fragile les crises spécifiques à cet âge, les portes qui claquent sur des vociférations insolentes et les joutes œdipiennes ponctuées de reproches assassins.

Aujourd'hui, je ne crains plus cet avenir annoncé.

Le divorce fait mûrir plus vite les jeunes pousses et affine leur jugement en même temps qu'il attise leur besoin d'affection. Plus l'espoir de réconciliation entre leur père et moi, anticorps incontournable à leur détresse, s'est évaporé dans leur esprit, plus Léa et Jérémy se sont greffés à moi et à notre avenir commun.

« Maman – m'a dit la première il y a quelques jours à peine –, quand j'aurai des enfants, on les élèvera ensemble. Tu les garderas le matin et moi l'après-midi. » « Maman – a surenchéri son frère quelques jours plus tard –, quand je serai grand je vivrai avec toi, je ne veux pas que tu sois seule… et puis je t'aime. »

Bon, d'accord, côté Œdipe, tout n'est pas forcément réglé !

Mais, pour la migration chez le paternel, je me sens nettement moins inquiète !

Leurs notes scolaires, plutôt excellentes, confirment d'ailleurs un équilibre grandissant. Elles m'aident en tout cas à rassurer mon père, quelque peu traumatisé par un sujet télévisuel sur « le pourcentage élevé d'échecs chez les enfants de parents divorcés » !

À en croire leur grand-père, ils n'échappent à la statistique que grâce à leur « intelligence très supérieure ». Moi, sans douter de leur vivacité d'esprit, je pense surtout qu'il n'existe pas de dommages inévitables du divorce et que, au contraire, on peut profiter du chaos pour porter à ses enfants une attention sortant des habitudes, pour développer ce libre arbitre qui sera leur meilleur bouclier.

Ils en auront sans doute besoin, mes chérubins, quand, d'ici très peu de temps, leur papa va les doter d'un poupon vivant, demi-sœur ou demi-frère, dont l'arrivée, au-delà de la jubilation collective annoncée, va forcément modifier le climat du côté de chez belle-maman.

Avec le préado de sa belle, nos deux enfants à nous et son nouveau-né dans et aussi sur les bras, je ne suis pas certaine que Philippe conservera la même disponibilité ni la même sérénité qu'il affiche aujourd'hui si crânement.

Là encore, femmes quittées, mes sœurs, dites-vous bien qu'à tout prendre, à l'heure d'une séparation, mieux vaut hériter de la liberté et de ses enfants que des humeurs, exigences ou caprices de son nouveau conjoint.

Philippe, du fond du gouffre dans lequel il m'a précipitée, il m'est arrivé de lui souhaiter le pire. Aujourd'hui, quand je cours comme une gamine, mon *ipod* sur les oreilles et mon cerveau capté par des fantasmagories où je suis tantôt Mata-Hari, tantôt sainte Thérèse de Lisieux, tantôt maîtresse d'Al Pacino, tantôt la première femme du pape, je me demande sans haine en quels termes lui, il aurait écrit sa version de ce livre et s'il n'a pas, parfois, autant souffert que moi.

À la différence de beaucoup d'hommes, sans doute poussé par elle, peut-être un peu par moi, il est allé jusqu'au bout de son virage, nous épargnant, qui sait, un futur en mirage.

Franchement, je lui souhaite d'être heureux. Suffisamment, du moins, pour que Léa et Jérémy en demeurent sereins. Suffisamment longtemps pour qu'il redonne sa valeur au mariage à leurs yeux, tandis que j'aurai sauvé le divorce du désastre.

Alors, peut-être un jour, aux noces de nos enfants, saurons-nous leur prouver, en les escortant main dans la main, que, même si nous sommes séparément plus heureux qu'hier, nous n'avons pas ensemble connu que du malheur.

Nous nous sommes simplement aimés, pensant savoir ce qu'aimer voulait dire !

Table des matières

Prologue : Il balbutie : « Il y a quelqu'un… » 11
Chapitre 1 : Une fille des Temps modernes 21
Chapitre 2 : Amour unique… mais fils unique ! 29
Chapitre 3 : La fesse cachée du miroir 33
Chapitre 4 : Peur de le perdre, peur de me perdre 39
Chapitre 5 : Le bain sans fond de la dépression 45
Chapitre 6 : C'est Satan qui déboule
aux portes de l'Enfer 53
Chapitre 7 : Le retour du père prodigue 59
Chapitre 8 : La garde partagée ? Et puis quoi encore ! .. 67
Chapitre 9 : Maman, c'est vrai ce que dit papa ? 75
Chapitre 10 : Pour mes poussins, le temps des psys 81
Chapitre 11 : Le temps des psys pour moi aussi 87
Chapitre 12 : À la recherche de la paix 93
Chapitre 13 : Demi-vacances, double souffrance 97
Chapitre 14 : Cour d'école ou Cour de cassation 105
Chapitre 15 : Les mecs ? Il faut d'abord
redevenir femme ! 111
Chapitre 16 : Sacré CV ! 121
Chapitre 17 : Les mille et un petits bonheurs 125
Chapitre 18 : Et puis la vie redevient belle 135
Chapitre 19 : Nouvelles amours ? Pas pour toujours ! ... 141
Chapitre 20 : Enfin de l'air ! 155